Jazz Dance für Anfänger

ECON Ratgeber
Lebenshilfe

Günther Rebel

Jazz Dance für Anfänger

Stil, Technik, Unterricht

ETB
ECON Taschenbuch Verlag

CIP-Kurztitelaufnahme der Deutschen Bibliothek

Rebel, Günther:
Jazz Dance für Anfänger: Stil, Technik, Unterricht / Günther Rebel.
Orig.-Ausg. – Düsseldorf: ECON Taschenbuch Verlag, 1986.
(ETB 20196; ECON Ratgeber: Lebenshilfe)
ISBN 3-612-20196-4

Originalausgabe

© ECON Taschenbuch Verlag GmbH, Düsseldorf
August 1986
Umschlagentwurf: Ludwig Kaiser
Fotos: M. Hörnschemeyer
Zeichnungen: Malte von Lüdinghausen
Tänzerinnen: Elizabeth Kirchhoff, Gabriela Pitas
Die Ratschläge in diesem Buch sind von Autor und Verlag sorgfältig erwogen
und geprüft; dennoch kann eine Garantie nicht übernommen werden. Eine
Haftung des Autors bzw. des Verlags und seiner Beauftragten für Personen-,
Sach- und Vermögensschäden ist ausgeschlossen.
Satz: Formsatz GmbH, Diepholz
Druck und Bindearbeiten: Ebner Ulm
Printed in Germany
ISBN 3-612-20196-4

Inhaltsverzeichnis

Vorwort

Der Begriff »Jazz« bedeutet soviel wie »Erregung«. Ob zu Hause bei Radiomusik, in der Disko oder sogar auf einem festlichen Ball, wer hat dieses aufregende Kribbeln, das buchstäblich in einzelne Glieder fährt und damit unbewußt Jazz Dance auslöst, nicht schon mal verspürt? Es entsteht durch eine gewisse Unregelmäßigkeit in der Jazzmusik, durch Verzögerungen, plötzliche Akzente, sinnliche Verhaltenheit oder Explosivität, egal, ob es sich dabei um Charleston oder Rock handelt.

Jazz Dance macht fast alle Bewegungsmöglichkeiten vom Kopf bis zu den Zehen bewußt und jederzeit verfügbar. Er dient zur individuellen, freien Umsetzung der Musik, als Vokabular eines eigenen kreativen Bewegungsstils und ist aufgrund seiner anatomischen Natürlichkeit für alle Altersstufen geeignet.

Jazz Dance ist an Jazzmusik jeglicher Stilrichtung gebunden. Musik wirkt bewegungsmäßig leistungssteigernd und gleichzeitig psychisch entlastend, da sie von den Alltagsproblemen wegführt und die Konzentration auf den momentanen Bewegungsablauf lenkt.

Jazz Dance bedeutet also detaillierte Körpertechnik und bietet gleichzeitig phantasievolle Kombinationsmöglichkeiten sowie Befreiung von Hemmungen durch körpernahe, sinnliche

Musikalität. Jazz Dance gehört deshalb zu den natürlichsten und gesündesten Bewegungsarten, die es gibt.
Überzeugen Sie sich selbst – durch Bewegung!
»Let's dance!«

»Jazz Dance ist nichts anderes als die totale Ausnutzung fast aller anatomisch möglichen Bewegungen des menschlichen Körpers . . . Der Jazz Dance gehört zu den größten Schöpfungen, die das schwarze Amerika der modernen Welt geschenkt hat.« (Helmut Günter)
»Jazz kommt vom umgangssprachlichen »jass« und bedeutet soviel wie Erregung, auch in sexueller Bedeutung.« (Joachim-Ernst Behrendt)
»Jazz ist schwarze Musik.« (Archie Shepp)
»Jazz ist ein Wort des weißen Mannes.« (Miles Davies)
»Jazz ist wahrscheinlich die einzige heute existierende Kunstform, in der es die Freiheit des Individuums ohne den Verlust des Zusammengehörigkeitsgefühls gibt.« (Dave Brubeck)
»Tanz steht immer im Zusammenhang zur Musik, Musik ist aber nicht abhängig vom Tanz.« (F. Buitendijk)
»Ich bin erstaunt, daß es Jazz nicht schon immer gegeben hat. Nichts ist intensiv genug – es sei denn vielleicht, es ist Jazz.« (Jean Cocteau)
»Tanz ist jede in ihrem Ansatz um ihrer selbst willen stattfindende Bewegungsfolge von Menschen, Tieren oder vom Menschen bewegten nichtlebenden Körpern oder Lichtstrahlen, die sich durch Stil oder andere Strukturmittel vom durchschnittlichen Bewegungsbild des Tanzenden abhebt; kein Tanz sind insbesondere rein funktionale, arbeitstechnisch notwendige, naturgesetzlich oder sonst zwanghafte Bewegungsfolgen. – Es lebe der undefinierbare Tanz.« (Wilfried Hoffmann)
»Jazz ist ein immer in Bewegung gehaltenes Medium, das sich auch nicht durch Definitionen an die Kette legen läßt.« (Horst Koegler)

Einleitung

Dieses Buch enthält alles, was für den Anfänger wichtig ist, an Theorie das Notwendigste, an Praxis das Meiste, dazu viele Tips, wie man gute Lehrer und Schulen findet.

Die Schwierigkeitsstufe 1 – Jazz Dance für Anfänger ohne Vorkenntnisse – befaßt sich zunächst mit dem Wesen, der Entwicklung und den typischen Bewegungsmerkmalen des Jazz Dance.

Gleichzeitig werden Tips gegeben, wo und wie man ein passendes und qualifiziertes Unterrichtsangebot finden kann, und worauf man dabei achten muß, um nicht enttäuscht zu werden.

Aus diesem Grunde werden vor dem praktischen Teil einige tanzpädagogische Fragen erörtert, die für das Selbststudium und den Unterrichtsaufbau von Bedeutung sind.

Um den Anfänger nicht mit Theorie zu überfordern, werden zunächst nur die wichtigsten Fachbegriffe in Verbindung mit praktischen Übungen vorgestellt.

Am Anfang soll das Kennenlernen von Körper, »typischen« Jazzelementen und rhythmischen Merkmalen stehen.

Die vorgestellten Übungen und Kombinationen sind auf die zunächst begrenzten körperlichen Fähigkeiten von Anfängern abgestimmt und bauen aufeinander auf: von der richtigen Körperhaltung bis hin zur Fortbewegung im Raum. Das bedeutet jedoch nicht eine Festlegung auf bestimmte Bewegungsformen innerhalb eines bestimmten Lernabschnittes, wie z. B. beim klassischen Tanz, sondern es handelt sich hier nur um eine Vorstellung von Möglichkeiten anhand von Beispielen, wie man die Grundlagen des Jazz Dance erlernen kann.

Deshalb finden sich zwischen den technischen Aufgaben immer wieder Hinweise zum kreativen Experiment, zum Improvisieren in einer der Technik und dem Jazz Dance entsprechend strukturierten Form.

Aufgabenstellungen, die in die Bereiche Sport, Pantomime usw. gehen, sollten nur bei Kleinkindern, bei stark bewegungsgehemmten Erwachsenen oder in der therapeutischen Anwendung von Jazz Dance gemacht werden. Der Tanzpädagoge sollte, ebenso wie das Wissen um die Körpertechnik, die Möglichkeiten und Grenzen von Tanzpantomime kennen und sinngemäß beherrschen.

In den vorliegenden Unterrichtskonzepten wird nicht zwischen Laien- und Profi-Tanzausbildung unterschieden. Motivation, Technik und Tanzziele sind bei Anfängern in beiden »Lagern« dieselben. Genauso, wie man in der Musik die Trennung zwischen E-Musik (ernste Musik im Sinne von »klassischer Musik«) und U-Musik (Unterhaltungsmusik) aufheben sollte, kann man in der Tanzpädagogik auf solche Abgrenzungen verzichten. – Es gibt nur gute und schlechte Tanzausbildung.

Erst im sogenannten Stadium der »Fortgeschrittenen« trennen sich die Wege. Die einen machen aufgrund ihrer Begabung und/oder besseren Förderung aus ihrer Passion eine Profession, und die anderen haben ihr Leben lang ein schönes Hobby.

Aller Anfang ist schwer, und die wichtigste Faustregel dieses Buches wird sein:

Bewegung lernt man nur über Bewegung – denn der Tanz ist eine von vielen Quellen des Wissens, jedoch untrennbar verbunden mit einer speziellen körperlichen Disziplin.

Dieses Buch kann also kein Ersatz für regelmäßiges Training unter qualifizierter Anleitung sein. Es möchte aber neugierig machen, zum Ausprobieren anregen und vor allem konkret helfen, das richtige Angebot unter vielen herauszufinden.

Jeder, der schon mal für sich im »stillen Kämmerlein« trainiert hat, weiß, wie mühsam das ist. Es macht eben einfach mehr Spaß, mit anderen die »Qualen« und »Erfolgserlebnisse« zu teilen, zusammen zu tanzen und darüber zu reden. Durch Stütze und Rückhalt in der Gruppe kommt man schon mal eher über einen »toten« Punkt hinweg.

Oft täuscht einen auch gerade in der Anfangsphase der eigene Körper. Man glaubt z. B., die Füße seien gestreckt, aber ein Blick in den Spiegel oder der Blick des Lehrers überzeugen einen schnell vom Gegenteil. Doch durch den sanften sozialen Druck der Gruppe, des Pädagogen oder einfach durch das Bewußtsein, für die Stunde bezahlen zu müssen, gibt man nicht so schnell auf, wie wenn man alleine trainieren würde.

Zielstrebigkeit und Ausdauer können also durch Gruppentraining schneller wachsen, weil die Leistungsgrenzen vom Mittelwert einer Gruppe, den man direkt mitbestimmt, abhängig sind. Man läßt sich nicht so schnell in eine »Spirale des Aufgebens« hineinziehen.

So wird zwar das Tanzen auch im Hobbybereich manchmal zur Arbeit, aber nirgendwo sonst läßt sich Arbeit angenehmer erfahren als im künstlerischen Bereich, wo das Produkt eine spielerische Selbstbereicherung darstellt. – Und nun viel Spaß!

Was ist Jazz Dance?

Geschichtliche Entwicklung

Jazz Dance ist eine aus den USA stammende, weitverbreitete zeitgenössische Tanzform, untrennbar verbunden mit Jazzmusik und ohne diese nicht denkbar.

Der Jazz entstand durch die Nachfahren der durch den Sklavenhandel zwischen dem 16. und 19. Jahrhundert nach Amerika verschleppten Schwarzafrikaner als Ausdruck von Freiheit.

Aus der Verschmelzung europäischer Musiktradition mit afrikanischen Elementen entstand so eine Form der afro-amerikanischen Musik, zu der neben Jazz u. a. auch Blues, Gospel und Rock gehören. Typisch für diese Beispiele ist die auf afrikanische Ursprünge zurückweisende Verbindung von Musik und Körperbewegung.

Die Geschichte der Entstehung des Jazz Dance verläuft parallel mit der Geschichte des Sklavenhandels von Afrika nach Amerika. Sie dokumentiert eine Epoche der Unterdrückung der Menschenwürde, aber auch die Mittel und Wege, wie sich das Recht auf persönliche Freiheit und freie Entfaltung immer wieder durchsetzt – auch wenn dieser Kampf oft mehrere Generationen lang andauert.

Die wichtigsten Daten für die Entwicklung des Jazz Dance werden im folgenden aufgezeigt:

Um 1517 begann unter der Herrschaft Karls V. der Sklavenhandel von den Küsten Afrikas nach den spanischen Besitzungen auf den Antillen (1492 von Kolumbus entdeckt).

Ab 1619 wurden die Kolonien des nordamerikanischen Festlands, dort vornehmlich die Baumwollplantagen des Südens, mit Negersklaven »versorgt«.

Aus Angst vor der fremdartigen Kultur der Schwarzen verboten ihnen die weißen Kolonialherren auch ihre restlichen, das Zusammengehörigkeitsgefühl steigernden Kommunikationsmittel, wie Trommelmusik, Tanz und religiöse Riten. Gesang, Rhythmus durch Händeklatschen und Fußgeräusche (ein Entstehungszweig des Steptanzes) konnten trotzdem nicht verhindert werden.

Die äußere Not zwang die Schwarzen zur Anpassung an ihre verhaßte Umwelt. Sie imitierten und parodierten die Tänze der Plantagenbesitzer (Quadrillen, Menuette, Walzer), was diese aus Unverstand und Überheblichkeit heraus eher belustigend fanden.

Daneben suchten die Sklaven in der Religion der Weißen neuen inneren Halt und Trost, in einer ihnen eigenen Weise, indem sie zu den religiösen Liedern bis zur Ekstase tanzten (so wie sie es heute noch teilweise tun). Außerdem wurden die frommen Texte als Codes für geheime Botschaften benutzt, z. B. für Geheimtreffen oder Fluchtpläne.

1794 wurde auf Haiti die Sklaverei aufgehoben. Aus Angst, von den ehemaligen Sklaven ermordet zu werden, flohen viele Weiße mit ihrem schwarzen »Personal« in die Stadt New Orleans, die in der Folge, neben St. Louis, für die Entwicklung des Jazz und des Jazz Dance eine überragende Bedeutung erlangte. Durch diesen Zuwachs an schwarzer Bevölkerung belebte sich in den sogenannten »Kongotänzen« kurzzeitig das afrikanische kulturelle Erbe. Dabei verschmolzen die bislang unterschiedlichen Negerkulturen miteinander.

Zur Erheiterung der Weißen wurden seit dieser Zeit Tanzwettbewerbe mit Negern durchgeführt (bis zum Break Dance der 1980er Jahre ist der Showtanzwettkampf eine der wenigen Möglichkeiten für die Schwarzen, dem sozialen Elend etwas zu entfliehen).

Die beliebtesten Wettänze damaliger Zeit waren »Jig« und »Cakewalk«. Beim Jig traten einzelne Wettkämpfer, beim Cakewalk Paare auf. Die Tänzer hatten Wassergläser auf dem Kopf, und die Weißen schlossen ihre Wetten darauf ab, wer am Schluß noch das meiste Wasser im Glas hatte. Die Schwarzen erhielten zur Belohnung nach dem Tanz ein Stück Kuchen (Cakewalk).

Um 1796 entstanden in den Großstädten des liberalen Nordens die Minstrelshows, in denen Weiße in schwarzen Masken (Schwarzen war der Auftritt verboten) Musik und Tänze der schwarzen Bevölkerung imitierten und karikierten.

Erst 1844 gab es den ersten Wettkampf zwischen weißen und schwarzen Showtänzern. Gewinner war der schwarze Jigtänzer William Lane (»Master Juba«). – Die Bühne bot – wie später auch der Sport – den Schwarzen oft die einzige soziale Aufstiegsmöglichkeit. Bis zu dieser Zeit dachte man immer, die Bewegungstechnik und Musik der Schwarzen wären »ungeschickte Entgleisungen«. Langsam aber begannen auch die weißen Minstreltänzer, den Reiz und die Kompliziertheit dieser Technik zu erkennen und zu nutzen.

1880 baute James McIntyre als erster diese Technik in seine Shows ein. Um diese Zeit entstand auch die Jazzmusik. St. Louis und New Orleans waren ihre Geburtsstätten. Mit der weißen Salonmusik »Ragtime« (populäre Form des Klavierspiels besonders zwischen 1870 und 1920, entwickelt durch Übertragung des Banjospiels auf das Klavier; ein Vorläufer des Jazz) und der schwarzen Straßenmusik. Schwarze Rhythmik, vornehmlich durch Schlag- und Zupfinstrumente geprägt, vereinigte sich mit weißer Melodik europäischen Ursprungs, die durch Streich-, Tasten- und Blasinstrumente ermöglicht wurde.

1898 startete der Jazz Dance seine Musicalkarriere. In dem Musical »Clorynde« wurde ein Cakewalk mit isolierten Einzelbewegungen des Oberkörpers getanzt.

Um 1900 entstanden in den Vergnügungspalästen des New Yorker Stadtteils Harlem die Jazzmodetänze Black-Bottom, Big Apple, Charleston u. a.

1917 tauchte das Wort »Jazz Dance« erstmals im Zusammenhang mit einer Folge von Tanzstücken, den sogenannten »Pelvis (= Beckenbewegungen)-Tänzen« auf. Zur damaligen Zeit war dies etwas äußerst Schockierendes, wenn man bedenkt, daß seinerzeit der Mensch zwischen Bauchnabel und Fußsohle eine Körperzone hatte, die er selbst kaum begreifen und wahrnehmen durfte.

Von damals bis heute haben Puritaner aller Richtungen und autoritäre Staatssysteme vom rechten bis zum linken Spektrum immer wieder versucht, die individuelle Freiheit, die sich in der sinnlichen Körperhaftigkeit des Jazz und des heutigen Rock manifestiert, zu unterdrücken. Dokumente in Form von Gesetzen und Pamphleten über die »Abartigkeit« dieser Musik- und Tanzdarbietungen sind in der amerikanischen Prohibitionszeit (staatliches Verbot der Herstellung und des Verkaufs alkoholhaltiger Getränke in den USA, 1917–1933), in der deutschen Vergangenheit während des Dritten Reiches (unter dem Stichwort »entartete Kunst«), in Staaten mit kommunistischer Gesellschaftsordnung, während der Kulturrevolution in der Volksrepublik China und in anderen, gegenwärtigen Systemen zu finden.

1923 brachte das Musical »Running Wild« den Charleston auf die Bühne und löste mit dieser Technik der isolierten Unterschenkelbewegungen eine Begeisterung aus, die bis heute nicht ganz verebbt ist. 1925 begeisterte die »schwarze Venus« Josephine Baker (1906–1975) damit in ihrer Tanzrevue »La Revue Nègre« die Europäer.

Mit der Entstehung von neuen Kommunikationsmedien (Rundfunk, Schallplatte, Film, Fernsehen) und der durch den 2. Weltkrieg bedingten Übernahme amerikanischer Lebensgewohnheiten in Europa sowie durch den wachsenden Tourismus verbreitete sich der Jazz schnell auf unserem Kontinent. Zunächst war er nur etwas Exotisches, ein neuer Sinnesreiz. Bald wurde aber gerade von den Musikern verstanden, daß sich ihnen eine neue Ausdruckswelt öffnete.

Die äußeren Formen des Jazz haben sich im Laufe der Zeit immer wieder situationsbedingt verändert. Wie die Musik, ist auch der Tanz der jeweilige Spiegel des momentanen Zeitgefühls unterschiedlicher Mentalitäten in verschiedenen Kulturkreisen. Musik und Tanz emotionalisieren, symbolisieren und abstrahieren die jeweils aktuellen Stimmungen und Ideen, setzen sie in Töne und Muskelaktivitäten um.

Trotz aller Veränderungen bleibt Jazz aber das, was er von Anfang an war: spontane, sinnlich-emotionale, körperliche Reaktion und kreative Verarbeitung innerer persönlicher Nöte und Ängste sowie Protest gegen aktuelle soziale und politische Mißstände – ohne Rücksicht auf Moral und Gesetz.

Gemeinsamkeiten von Musik und Bewegung

Zunächst ist die Erklärung einiger Begriffe erforderlich:

Polyrhythmik	rhythmische Vielschichtigkeit, es entsteht Swing.
Polyzentrik	gleichzeitige, verschieden akzentuierte Bewegungen einzelner (isolierter) Körperteile.
Beat	gleichmäßiger Grundschlag, Grundrhythmus, regelmäßig in Ton und Musik (Diskomusik und -tanz); er ordnet, macht den Ablauf übersichtlich und ist auf europäische Tradition zurückzuführen.
Offbeat	einzelne, rhythmische, melodische oder bewegungsmäßige Akzente zerreißen die Gleichmäßigkeit des Beat möglichst unregelmäßig und erzeugen eine besondere Art der rhythmischen Spannung.
Isolation	einzelne, isolierte Bewegung eines Körperteils; diese Körpertechnik entspricht dem Offbeat, durch sie wird es möglich, unregelmäßige, spannungserzeugende Akzente innerhalb des Körpers zu setzen.
Multiplikation	Vervielfältigung des Spiel- oder Bewegungstempos bei gleichbleibender Zeiteinteilung, z. B. beim Steptanz, wo während eines Bewe-

	gungsablaufs gleichzeitig viele Töne zu hören sind.
Chorus	Grundmelodie; das Melodie- oder Bewegungsthema einer Gruppe von Musikern oder Tänzern.
Improvisation	spontaner Vortrag aus dem Stegreif, unvorbereitet, unwiederholbar und an die jeweiligen Interpreten gebunden. Durch diese Fähigkeiten können sich die oben genannten Bereiche erst voll entfalten.
Choreographie	Aufzeichnung, Beschreibung von Bewegungsabläufen im Tanz (Stellung, Bewegung, Raumrichtung) mit eigens geschaffenen Zeichen (Tanzschrift); heute allgemeine Bezeichnung für die Inszenierung eines Balletts oder Tanzstückes.

Den musikalischen Elementen der Musik entsprechen die bewegungstechnischen des Tanzes. Dem musikalischen Begriff Polyrhythmik entspricht die Isolation und Polyzentrik der Körpertechnik. Polyrhythmik bedeutet, daß verschiedene Rhythmen innerhalb einer gewissen Zeit gleichzeitig, aber unregelmäßig, mit verschiedenen Akzenten zu hören sind. Es entsteht eine spannende und zugleich schwebende Atmosphäre, der Swing.

Dieser starke akustische Reiz überträgt sich auf das unwillkürliche und willkürliche Nervensystem und löst in einzelnen Muskelgruppen teils unbewußte, teils bewußte, isolierte Bewegungsreaktionen aus. Es entsteht unwillkürlich Jazz Dance, Polyzentrik.

Ein sicht- und hörbares Beispiel der Polyrhythmik und -zentrik ist der Schlagzeuger, der mit Händen und Füßen gleichzeitig verschiedene Rhythmen erzeugt – und manchmal auch eine Melodie singt. Beim Tänzer weitet sich das Instrumentarium über den ganzen Körper (rund 500 Muskeln) aus. – Ein großes Übungsgebiet.

Die Musik schafft immer wieder neue Reize, die man, wenn man sich ihnen völlig hingibt, bis zur Ekstase erleben kann, vorausgesetzt, man kann »total abschalten« und sich gefühlsmäßig ganz der Musik hingeben.

Gestaltung in Musik und Bewegung heißt, diese Prozesse durch Übung bewußt zu machen, die vielschichtigen Ton- und Körperaktivitäten zu trainieren, um sie nicht nur zufällig, sondern jederzeit erleben zu können.

Durch die die Individualität betonende Improvisation, ein Hauptelement in Tanz und Musik, werden Inhalte und Formen des Jazz immer wieder aktualisiert. Jazzmusik und Jazz Dance wird es in irgendeiner Form also immer geben.

Jazz Dance heute

Es gibt 2 unterschiedliche Ausübungsbereiche des Jazz Dance:
Jazz Dance als polyrhythmischer oder polyzentrischer, improvisierter Tanz in der Freizeit oder bei beruflichen oder gesellschaftlichen Anlässen.
Jazz Dance als polyrhythmischer oder polyzentrischer, choreographierter Tanz (künstlerischer Tanz).

Jazz Dance im Freizeitbereich

Im Sog der weltweiten Diskowelle ist Jazz Dance im außerkünstlerischen Bereich so etwas wie ein Volkstanz mit »nationalitäten-egalisierender« Wirkung geworden. Zu Popmusik wird in der Schule getanzt, im Kindergarten, auf dem Eis, im Wasser, im Altenheim, sei es in New York oder Moskau, im Schwarzwald oder am Wüstenrand. Dabei haben eigentlich Diskomusik und Jazz nur so viel Gemeinsamkeiten wie ein »Hamburger« mit einem guten Steak, bestenfalls eine gemeinsame Herkunft.
Die unter einem Einheitsrhythmus hämmernde Diskomusik bietet dem bewegungsarmen Menschen in unserem vollautomatisierten und motorisierten Zeitalter immerhin noch eine Art Hör- und Tanzhilfe in Richtung Bewegungsfreiheit. Sie

enthält einerseits den maschinenähnlichen, gleichbleibenden Beat, der unwillkürlich bewegungsanregend wirkt und dem sich kaum jemand entziehen kann, andererseits Restelemente von Jazz, den Offbeat, und damit für den Anfang ausreichende Anregung, in neue Bewegungsdimensionen vorzustoßen.

Diese vermeintliche Bewegungsfreiheit wird allerdings von den meisten kommerziellen Diskotheken durch Platzeinschränkung zugunsten des Alkoholkonsums zunichte gemacht. Ein freies, befreiendes Tanzen kann nur möglich sein, wenn äußere Voraussetzungen wie Behebung des Raummangels und persönliche Voraussetzungen, wie Entwicklung der Körpertechnik, Phantasie und Kommunikationsfähigkeit, z. B. durch das Training im Jazz Dance, geschaffen werden.

Künstlerischer Tanz

Da Jazz Dance eine Ausdrucksform ist, deren Merkmal es ist, keine festgelegte Form zu haben, erklärt sich daraus auch die Offenheit für andere Stile. Jazz und Jazz Dance integrieren alle Einflüsse von Folklore über Klassik bis zu Sport oder Akrobatik problemlos, da beide selbst aus verschiedenen Stilen und Kulturen entstanden sind. Bis etwa 1954 war der Jazz Dance eine Tanzform der Musicals, des Tonfilms und, in standardisierter Form, ein Gesellschaftstanz.

Wie die Jazzmusik durchdringt der Jazz Dance mittlerweile die verschiedensten Kunst- und Unterhaltungsformen.

Tänzer und Choreographen, wie die Amerikaner Alvin Ailey (*1931) und Jerome Robbins (*1918) oder in Europa Hans van Manen (*1932), Maurice Béjart (*1927) u. a., proklamierten durch ihr Können den Jazz Dance zur eigenständigen Kunstform. Sie und die aus dem Bühnentanz kommenden Tanzpädagogen schufen, jeder auf seine eigene persönliche Art, den »Modern Jazz Dance«, indem sie die bislang rein afro-amerikanische Körpertechnik um das technische und künstlerische Kapital des klassischen Tanzes und des Modern Dance erweiterten.

Stilrichtungen, die den Jazz Dance beeinflußt haben

Klassischer Tanz

Der klassische Tanz bietet, wie eigentlich jede gutunterrichtete Bewegungsart, eine ausgezeichnete Körperschulung. Für den Berufstänzer ist diese Stilrichtung die Grundlage, solange er an traditionellen, professionellen Bühnen arbeitet. Da diese Tanzrichtung den größten Bekanntheitsgrad hat, verführt dies auch immer wieder zu der Behauptung, daß der klassische Stil die Voraussetzung für alles andere sei.

Bevor der Mensch aber sprechen lernt, tanzt er schon, indem er sich frei zur Musik bewegt. Auf dem musikalischen Sektor ist klassische Musik nicht die Voraussetzung für einen guten Jazzmusiker (wer weiß, ob Louis Armstrong, amerikanischer Jazztrompeter, noch zu seinen wunderbaren Improvisationskünsten gefunden hätte, wenn er vorher jahrelang in einem Sinfonieorchester geblasen hätte). Es gibt natürlich eine Reihe von Musikern und besonders viele Tanzpädagogen, die über die Klassik zum Jazz kamen. Das liegt daran, daß die Musik- und Kunsthochschulen bis heute vor allem für den Bühnen- und Orchesterbedarf ausbilden.

Merkmale des klassischen Tanzes

- aufrechte Haltung, orientiert am antiken Schönheitsideal der griechischen Statuen;
- festgelegte, über viele Generationen entwickelte Körpertechnik;
- musikalisch gebunden an das 19. Jahrhundert;
- Betonung der Schwerelosigkeit durch Spitzentanz und nach oben akzentuierte Sprünge.

Die Einflüsse des klassischen Tanzes auf den Jazz Dance zeigen sich beim gewöhnlichen Schritt, beim Ausbau der Drehmöglichkeiten (Pirouetten), bei der Sprungtechnik, der Balance durch Ausdrehung der Beine und der räumlichen Gestaltung.

Merkmale des Jazz Dance

- leicht gebeugte, flexible Haltung;
- Ausnutzung aller anatomischen Möglichkeiten ohne starre Regeln, nur den anatomischen Gesetzen folgend;
- musikalisch immer erweiterungsfähig;
- Betonung der Erdhaftigkeit durch starkes Kniebeugen und Aufsetzen der ganzen Fußsohlen, Sprungbetonung in den Boden.

Freier Tanz und Modern Dance

Seit der Tanzpädagoge Rudolf von Laban (1879–1958) die Theorie des freien Tanzes oder Ausdruckstanzes begründete, entwickelten sich, speziell in den USA, die unterschiedlichsten Richtungen des zeitgenössischen Tanzes.

Die Grundlagen des heutigen Modern Dance legten die Schulen der amerikanischen Choreographin Martha Graham (*1893) und des mexikanisch-amerikanischen Choreographen José Limon (1908–1972).

Die wichtigsten Bewegungsmerkmale sind, sehr verkürzt dargestellt, einerseits »contraction« (Zusammenziehen) und »release« (Lösen) und andererseits »Impuls« und »Führung«.

Wichtig und aus keinem modernen Tanzbereich mehr wegzudenken sind die zahlreichen, von Martha Graham geprägten Bodenübungen. Bewegungen zum Boden und vom Boden weg gibt es zwar auch in anderen Stilen, z. B. der osteuropäischen Folklore, in afrikanischen Tänzen und in der lateinamerikanischen Folklore, doch hat Martha Graham diesbezüglich viele neue Bewegungsverbindungen gezeigt, die den heutigen Jazz Dance stark beeinflussen.

Die Hauptgemeinsamkeit von Modern Dance und Jazz Dance besteht darin, daß in beiden Bereichen die Bewegungs- und Ausdrucksgrenzen nur durch die Anatomie oder die Phantasie des Tänzers bestimmt werden.

Das Ziel Rudolf von Labans war – analog zur geschichtlichen Tradition des Jazz Dance – der von jeglichen Zwängen befreite Mensch, auch im gesellschaftlichen Sinn. Da Tanz gesellschaftliches Verhalten widerspiegelt, glaubte Laban, über den Tanz wiederum die Gesellschaft beeinflussen zu können. Doch dazu hätte der freie Tanz so etwas wie ein Gesellschaftstanz oder Volkstanz werden müssen.

Die hohen intellektuellen Ansprüche lösten zwar zu ihrer Entstehungszeit einen Begeisterungssturm aus, doch gerade durch diesen hohen Anspruch blieb diese Tanzrichtung bis heute einer experimentierfreudigen Minderheit vorbehalten. Dies wird wohl so bleiben, weil keine gesellschaftliche Form des Zusammenlebens die »totale Freiheit« kennt und erlaubt.

Der Jazz Dance hat gegenüber dem freien Tanz bessere Voraussetzungen, ein Volkstanz oder Gesellschaftstanz zu werden und es teilweise schon zu sein (es gibt keinen modernen Standardtanz mehr, der nicht vom Jazz Dance beeinflußt ist, so wie es die Musik parallel dazu von der Jazzmusik ist).

Jazz Dance war von seiner Herkunft her schon immer Volks- und Gesellschaftstanz, und außerdem vereint er in sich dieselben Werte, die im freien Tanz beansprucht oder vorgegeben werden (von der Bewegungstechnik angefangen bis zu Improvisation und Gestaltung).

Für die einen als Hilfe, für die anderen als Einschränkung jedoch, ist er im Gegensatz zum freien Tanz an die Jazzmusik gebunden. Jedenfalls hat für die breite Basis der Tanzenden diese Einschränkung den Vorteil, daß sie von den Hörgewohnheiten her eine gewisse Vertrautheit bedeutet. Dieser Reizfaktor des Vertrautseins erleichtert den Einstieg in den Bereich Tanz natürlich leichter als der Anspruch, sich sofort völlig frei zu bewegen.

Durch den hohen Bekanntheitsgrad der Musik liegt es also auch auf der Hand, daß sich die dazu adäquat passende Bewegungsform immer größer werdender Beliebtheit erfreut.

Labans theoretischer Anspruch wird im heutigen Jazz Dance am ehesten verwirklicht.

Tap Dance (Step Dance)

Tap Dance oder Step Dance (Steptanz) ist Jazz Dance mit einer zusätzlichen Komponente. Er ist gleichzeitig »Trommelmusik mit den Füßen«. Dabei wird manchmal die Oberkörpertechnik vernachlässigt, weil die Hauptkonzentration auf der Fußarbeit liegt.

Gerade in letzter Zeit aber, in der Tap Dance wieder populär wird, werden alle anderen Bewegungselemente des heutigen Jazz Dance stärker mit einbezogen. Gleichzeitig erfährt der Jazztänzer eine Erweiterung seines rhythmischen Empfindens, das wiederum einer Isolations- und Improvisationstechnik in anderen Körperzentren zugute kommt.

Pantomime

Diese Darstellungsweise gilt als die verständlichste Sprache ohne Worte. Als Kunstform des »schweigenden Sichmitteilens« war die Pantomime sozusagen schon immer eine Abstraktionsebene menschlichen Ausdrucks vor der Abstraktionsebene des Tanzes.

Pantomimische Einflüsse hat es auch im Jazz Dance immer dann gegeben, wenn »etwas erzählt« wurde, z. B. in Arbeitsliedern (Worksongs), Spirituals oder den derzeitigen roboternachahmenden Tänzen, wie Break Dance, der einerseits symbolischer Akt für Kampfhandlungen aus Gruppenrivalität war (mittlerweile degeneriert zur Show) und auch ein Hinweis auf die Entmenschlichung und Technisierung der Welt.

Folklore – Sport – Akrobatik

Jazz Dance nimmt wie die Musik jede denkbare Anregung auf und verarbeitet sie swingend.

Der Tanzbetrachter darf sich nicht wundern, wenn er in einer Choreographie oder in einer Improvisation Elemente eines Holzschuhtanzes, russische Tiefschritte, klassische Pirouetten oder akrobatische Saltos wiederfindet.

Jazz ist nie das »Was«, sondern das »Wie«.

Mit vielen Folklorearten, sofern sie lebendige, kommunikative und nicht nur reproduktive Tänze sind, hat der Jazz Dance gemein, daß die Bewegungen nicht nur der Musik angepaßt werden, sondern mit ihr auch korrespondieren. Die Impulse fordern den Tänzer zu eigenen, neuen rhythmischen Varianten und Antworten auf, zur Interaktion (Wechselbeziehung) zwischen Musiker und Tänzer.

Am besten ist dies zu beobachten bei einem Live-Auftritt (Live-Session), wenn sich technisch und gestaltungsmäßig gleichwertige Partner (Musiker und Tänzer) mit ihren unterschiedlichen Instrumenten über ein gemeinsames Thema »unterhalten«. Hierbei wird am deutlichsten: Je mehr sie ihr In-

strument beherrschen, um so größer ist ihre Kommunikations-
und Gestaltungsmöglichkeit bei der Improvisation.

Jazzgymnastik

Jazzgymnastik ist zwar mittlerweile ein gebräuchlicher Begriff, im Grunde genommen gibt es sie aber nicht.
Entweder es gibt Jazz und in seiner Bewegungserscheinung
Jazz Dance und das heißt, daß gestaltete Tonfolgen oder Bewegungen immer eine Aussage enthalten, oder es gibt die rein
zweckorientierte Gymnastik. Obwohl in beiden Bereichen
gleiche Bewegungsabläufe vorkommen können, haben sie
doch eine andere Bedeutung bzw. Funktion.
Als Beispiel soll das Schließen oder Öffnen einer Hand dienen. Im Tanz drückt diese Geste etwas aus (Gewalt, Abwei-
sung, oder sie ist ein absolut der Musik entsprechendes, ab-
straktes Satzzeichen mit einem gewissen Gefühls- oder Sym-
bolgehalt im Raum), in der Gymnastik ist das Ziel, die Teile
der Hand funktionsfähig zu machen oder zu erhalten.
Auch wenn Gymnastik mit Jazzmusik angeboten wird, so liegen hier doch verschiedene Quellen der Inspiration zugrunde.
In der Gymnastik hat die Jazzmusik lediglich unterstützende,
bewegungssteigernde Funktion. Auch der Hinweis, der wohl
mehr der Legitimation als der Sache dient, daß Jazzgymnastik
Jazz Dance vorbereitet, nützt wenig, denn Jazz Dance ist, von
Anfang an, auch im Bereich der Technikschulung, Tanz und
nicht Zweckgymnastik.

Lernbereich Tanz

Was lerne ich im Tanz?

Im Unterschied zu anderen Trainingsformen, wie z. B. Laufen oder Tennis, werden im Tanz immer 2 Ebenen des Gestaltens gleichmäßig und übereinstimmend trainiert: die Funktionsebene und die Ausdrucksebene.

Ein gutes Tanztraining ist daran zu erkennen, daß weder die eine noch die andere Ebene vernachlässigt wird. Die Körperfunktionen werden im Training angeregt (motorisch-sensomotorischer Bereich), das Ausdrucksvermögen (psychomotorischer Bereich) und somit der Zeichenvorrat des Kommunikationsvermögens erweitert, was rückwirkend neue Anregung zur Bewegung bietet (Reiz des vitalen Bewegungsbedürfnisses). Durch das Bewußtmachen dieser beiden Ebenen im Training und in der Gestaltung entsteht der Tanzstil.

Alle im Tanz gesammelten Erlebnisse und Erfahrungen haben auch unmittelbar Auswirkungen auf den alltäglichen Bereich. Man reagiert z. B. schneller im Straßenverkehr, guttrainierte Tänzer haben seltener aggressive Auseinandersetzungen körperlicher Art, die Einstellung zu körperlichen Funktionen und zur Sexualität wird natürlicher, um nur einige Beispiele zu nennen.

Diese Veränderungen nimmt man meist unbewußt hin und sieht sie gar nicht im Zusammenhang mit dem Tanztraining, auch viele Berufstänzer nicht. Wie bei vielen anderen Dingen im Leben wird einem das erst bewußt, wenn man aus irgendwelchen Gründen längere Zeit nicht trainieren kann.

Wie vielseitig Tanz unser Leben beeinflussen kann, zeigen die Stichwortsammlungen in den nachfolgenden Schautafeln. Es wird eine Einteilung in 7 Bereiche vorgenommen:

1) Grundsätzliche, primäre Erfahrungen
2) Ausdrucksfähigkeit
3) Persönlichkeitsentwicklung
4) Stabilisierung des Erreichten
5) sozialer Handlungsraum
6) Kreativität
7) Kritikfähigkeit

Schautafeln zum Lernbereich Tanz

1) Primäre Erfahrungen
(die ersten Erfahrungen durch Körpertraining)

a) Selbsterfahrung
Körperbewußtsein erleben und erlernen:
- taktiler, visueller, akustischer Sinn (Sensomotorik)
- körperlich-seelisches Gleichgewicht (Balancesinn)
- kinetischer Sinn (Motorik) – Bewegung als grundsätzliches Bedürfnis
- anatomische Kenntnisse (natürliche Zusammenhänge und Gesetzmäßigkeiten des Körperbaus)
- Kenntnisse der Funktionsabläufe, wie z. B. Grundformen der Bewegung:
  Fortbewegung
  Ruhe (Haltung als Muskelaktivität)
  Gestik und Mimik
  Drehung
  Sprung
- Gesundheitliche Aspekte, wie z. B.:

Behebung des Bewegungsmangels
oder Abbau von Übermotorik
Stabilisierung des Kreislaufs usw.

b) Umwelterfahrung
Erleben der unmittelbaren Umwelt:
Menschen (zwischenmenschliche Beziehungen);
Gefühl für Raum und Orientierung (Abstände, Richtungen, Ebenen);
Gefühl für Musik (Rhythmus, Melodie, Zeit, Atmosphäre)

2) Erweiterung der Ausdrucksfähigkeit

Mit Steigerung der Bewegungsqualität nimmt die Lust, sich durch Bewegung auszudrücken, zu. Das führt zu:
- Abbau von Hemmungen
- Intensivierung des Ausdrucksbedürfnisses
- Vertiefung der Erlebnisfähigkeit
- Sensibilisierung des Wahrnehmens und Handelns
- Erweiterung der Entscheidungs- und Handlungsmöglichkeiten
- Erweiterung des nonverbalen und verbalen Zeichenerlebnisses durch die Koordinierung von Gehirn- und Muskelleistung, z. B. durch Verbindung von Begriffen mit Bewegungen, durch Erweiterung des Wortschatzes mit Fachausdrücken des Tanzes, der Anatomie, der Kommunikation usw.
- Tanzbeschreibung, Tanzschrift (Notation): Umsetzung von Bewegung in Schrift- und Bildzeichen

3) Persönlichkeitsentwicklung

Die persönliche Entwicklung wird in 3 Bereichen beeinflußt:

Körper: Bewegung, Sinnestätigkeit, Unbewußtheit;

Gefühl: Ausdruck des momentanen Gefühls oder gefühlsmäßiges Nachvollziehen einer vom Thema oder der Mimik angeregten, inspirierten Situation;

Geist: Aufmerksamkeit, Bewußtheit

- Haltungsaufbau durch Lockerung, Dehnung, Kräftigung
- Korrektur von Haltungsfehlern oder -schäden
- Ausbau der Leistungsfähigkeit:
  durch Wiederholen der Übungen bis hin zum Muskelkater, der jedoch als einziges Schmerzsymptom als gesund und daher psychisch fast angenehm empfunden wird
- individuelle zeitliche Einteilung und kräftemäßige Differenzierung in Grob- und Feinmotorik
- Ausbau der Koordinations- und Variationsmöglichkeit:
  Koordination von Körperteilen im Verhältnis zu Raum – Zeit – Dynamik – Motivation – Stil
- Ausbau der Kooperationsfähigkeit:
  Abstimmung von Bewegung und Musik; Bewegungsabstimmung mit anderen
- Ausbildung der Beobachtungsfähigkeit:
  sinnliches und körperliches Empfinden und Verstehen von akustischen, taktilen und optischen Zeichen und Signalen
- Gehörbildung und Musikalität:
  Tondauer (Takt und Rhythmus), Lautstärke, Klangfarbe, Tonhöhe
- Konzentrationssteigerung:
  durch Vorbereitung, kontrollierte Durchführung und Abschluß einer Bewegung in Übereinstimmung mit

der Musik, dem Thema, den Partnern
- Motorisches, akustisches und visuelles Gedächtnistraining:
durch Einzelübungen und Übungsfolgen
- Training des unbewußten Gedächtnisses (Muskelsinn):
durch Bewegungswiederholung bis hin zur Automatisierung von Bewegungsabläufen und zur Speicherung im unterbewußten Bewegungsrepertoire. Durch visuelle, akustische oder taktile Impulse werden diese vom Körper automatisch ausgeführt und dadurch wieder ins Bewußtsein geholt

4) Stabilisierung des Erreichten

Durch das Training wird der Körper zum vertrauten Instrument. Man wird »sich selbst bewußt« durch Bewegung. Das Erreichte führt zu:
- Selbstbewußtsein: körperlich, seelisch, geistig
- Selbstvertrauen, Körperbeherrschung
- Selbständigkeit, Individualität
- Unabhängigkeit, Aktivität

5) Soziales Handeln

Soziales Handeln im Tanzbereich bedeutet Auseinandersetzung durch Bewegung in Form von Reaktion, Interaktion (Wechselbeziehung), Kommunikation und Verantwortung mit sich selbst (Körper, Gefühl, Idee), mit der Musik, mit dem Raum, mit dem Partner, mit der Gruppe.
- Körpersprachliches soziales Handeln ist das gleichzeitige Senden und Empfangen von unbewußten inneren

und äußeren Signalen und Zeichen (körpersprachliche Interaktion)

- Bewußte körpersprachliche Interaktion im Training erfordert: Aufmerksamkeit, Konzentration, Umsetzungsfähigkeit, schnelle ganzheitliche Entscheidung (Körper, Seele, Geist) und Anpassung an die neue Situation und Reaktion (Antwort)
- Interaktionsmuster in der Tanzpraxis:
  der Schüler (zunächst Empfänger)
  imitiert (Mitvollziehen von vorgegebenen Bewegungen);
  beobachtet (Bewegungszeichen werden entschlüsselt und später nachvollzogen);
  interagiert (reagiert auf den Lehrer und die Gruppe, z. B. durch Einhalten körperlicher Abstände, durch Bewegungsstrukturen, wie Führen und Folgen, gleichzeitig und nebeneinander usw.);
  agiert (improvisiert und gestaltet Bewegung neu und bewußt).

Der Schüler wird zum Sender, indem er dem Lehrer durch Fehler oder Fortschritte, durch Zustimmung oder Ablehnung das Feedback (Rückkopplung, »Echo«) über die Stunde liefert oder indem er selbst Bewegung anregt, indem er choreographiert oder unterrichtet.

6) Kreativität

Durch die nur dem Menschen zur Verfügung stehende Gabe der Phantasie ist Tanz als Kunst erlebbar. Kreativität äußert sich im Tanz durch ungewöhnliche Gestik und Mimik.

- Merkmale von Kreativität:
  Flexibilität
  Spontaneität
  Experimentierfreude

Unangepaßtheit
Unabhängigkeit
Sensibilität
möglichst geringe (gefühlsmäßige, körperliche, soziale) Hemmungen
Kraft der Persönlichkeit zur Synthese der einzelnen, vorhandenen Fähigkeiten.
Tanz in gestalteter Form ist eine künstlerische Ausdrucksform. Das Vorstadium ist die Improvisation. Hier hat der spontane Einfall, die lustbetonte und zweckfreie Bewegung Vorrang. Sie ist spielerische Selbst- und Umwelterfahrung und dient der persönlichen Entfaltung. In der Jazzimprovisation wird sie zum lockeren Disput, zur körpersprachlichen »freien Rede« mit sich selbst, der Musik oder anderen.

In der choreographischen Gestaltung (wiederholbare Bewegungs- und Raumbeschreibung) wird Tanz zu einer zielgerichteten Arbeit, da er sich meist an Zuschauer wendet. Der Inhalt und die Wirkung jeder einzelnen Bewegung werden überprüft und der Körper als Instrument so geformt, daß die Bewegung und die ihr zugrundeliegende Absicht beim Zuschauer eine ungefähr erwartete, aber nicht immer zu erwirkende Reaktion hervorruft. In der Choreographie wird deutlich, inwieweit jemand fähig ist, einen eigenen Stil als Choreograph oder auch als Tänzer zu entwickeln. Für den Tänzer heißt das, den vorgegebenen Tanz auf ganz individuelle Weise zu interpretieren, ohne daß der Sinngehalt der vorgegebenen Choreographie verändert wird.

7) Kritikfähigkeit

Dadurch, daß man selbst Wissen über Bewegung gesammelt hat, wird man in diesem Bereich, z. B. im Unterricht oder bei Aufführungen, urteilsfähiger.

Kritikfähigkeit gliedert sich in:
- Selbstkritik – am eigenen Stil
  Stimmen technische Ausführung mit dem Thema, der
  Musik und der Absicht überein, habe ich die beab-
  sichtigte Wirkung erreicht?
  Durch Selbstkritik wird Stilsicherheit erreicht.
  Sich selbst überprüfen heißt auch, die eigene Rollen-
  und Normvorstellung hinterfragen.
  Selbstkritik hindert einen an der Übernahme von
  Schablonen und Klischees.
- Kritik – als Fähigkeit, andere Stile zu unterscheiden
  und zu beurteilen.
  Strukturen von traditionellen, kulturellen und per-
  sönlichen Bewegungsmustern erkennen und unter-
  scheiden.
  Verständnis für formale Zusammenhänge, wie z. B.
  Einfallsreichtum bekommen, erkennen, ob die
  Bewegung mit der Musik übereinstimmt und ob
  Klischees übernommen oder »geklaut« wurden.
  Erkennen von Fehlern, wie z. B., ob die Bewegungen
  technisch sauber ausgeführt werden oder ob sie zum
  Stil oder zum Thema passen, ob die Rollenführung
  und die Charaktere übereinstimmen, ob die Raum-
  aufteilung beherrscht wird u. a.

Wie man durch diese wenigen Stichworte sieht, ist Tanz mehr
als nur eine Körperbildung (»bodybuilding«). Er ist eine Erfahrung, die schließlich täglich durch äußere und innere Haltung und Handlung sichtbar und spürbar wird.
Im Jazz Dance vollzieht sich dieser Prozeß des »Sichbewußt-
werdens« schneller als in manch anderen Tanzformen, denn
Jazz Dance ist durch die Gebundenheit an die Jazzmusik von
sich aus schon viel ausdrucksstärker, expressiver. Hinzu
kommt, daß man sich so frei bewegen kann, wie man sich fühlt,
möchte, darf oder kann.
Die Erfahrungs- und Bewegungsziele werden schneller er-

reicht, weil viele Bewegungen schon aus dem alltäglichen Bereich bekannt sind und durch die Körpertechnik auf ganz organische Weise bewußt gemacht werden. Die Gefühle und die Phantasie werden verstärkt stimuliert, da der Körper, in viele unterschiedliche Erlebniszonen aufgeteilt, polyrhythmisch gegliedert wird. Dazu kommt, daß man sich schon sehr früh im Raum bewegt – und sich im Jazz von Anfang an als Tänzer/in fühlt.

Gibt es eine Altersgrenze für Jazz Dance?

Im Prinzip ist es nie zu früh und nie zu spät, vorausgesetzt, man hat Lust am Tanz und ist gesund. Unter gewissen Umständen, die mit dem Arzt abzuklären sind, kann man auch am Jazz-Dance-Unterricht teilnehmen, um Haltungs- oder organische Schäden zu korrigieren.

Durch den täglichen Umgang mit polyrhythmischer Musik (Radio, Schallplatte, Fernsehen) improvisieren Kleinkinder schon unbewußt Jazz. Dieses Bewegungsphänomen wird von Erwachsenen oft als Begabung angesehen, dabei ist Tanz eine natürliche Bewegungsäußerung, eine Reaktion und körperliche Antwort auf akustische Sinnesreize. Diese natürliche, spontane Improvisationsfähigkeit kann durch die Eltern und eine kindgerechte Tanzpädagogik erhalten und gefördert werden, so daß sie einem als Erwachsener als etwas Selbstverständliches gilt.

Kinder und Jugendliche etwa zwischen dem 9. und 14. Lebensjahr können dann mühelos auch mit den abstrakteren Bewegungsfolgen einer gezielten Technikschulung vertraut gemacht werden.

Für den Erwachsenen ist aufgrund der meist anerzogenen Hemmschwelle der Zugang zu dieser sehr ausdrucksstarken und psychische Strukturen freilegenden Körpersprache schwieriger. Doch hier hilft der Einstieg über die abstrakten Formen der Körpertechnik, wobei man zunächst einmal mit den Bewegungsfunktionen vertraut gemacht wird, durch die man sich dann langsam auch psychisch freitanzen kann.

Der erwachsene Anfänger muß mehr und länger üben als das Kind, um Defizite auszugleichen und um dann Fortschritte erzielen und ausbauen zu können. Für erwachsene Anfänger wird es meist ein schönes Hobby bleiben, da sie nur noch ein gewisses Maß an körperlicher Virtuosität erreichen können. Die meisten sind aber immer wieder erstaunt, welche Belastbarkeit, Dehnfähigkeit und Ausdauer auch im Erwachsenenalter, und zwar noch im hohen Alter, möglich ist. – Wenn man möglichst viel und oft tanzt.

Das körperliche Bewußtsein verschafft zudem auch die Einsicht, daß man in einem gewissen Rahmen, den man sich selbst schafft, sehr lange Freude am Tanz haben kann und mit zunehmender körperlicher Sicherheit sogar wieder Mut bekommt, frei in der Improvisation eigenen Bewegungsphantasien zu folgen. Auch hier bleibt es das tanzpädagogische Ziel, das Bewegungsvokabular zu erweitern, das dann zu beliebiger Zeit an beliebigem Ort zur Verfügung steht.

Wo kann ich lernen?

Jazz Dance wird heute in vielen Freizeit-, Sport- und Bildungseinrichtungen angeboten. Informieren kann man sich zunächst durch die »gelben Seiten« im Telefonbuch unter: Privatschulen, Schulen, Sportvereine, Musikschulen, Musikhochschulen, Volkshochschulen.

Wer unterrichtet wo?

Jazz Dance an privaten Ballettschulen wird meist von Tanzpädagogen, ehemaligen Berufstänzern oder noch im Bühnenberuf stehenden Tänzern angeboten. Das Preisniveau ist hier meist höher als an Volkshochschulen, in Vereinen usw., weil die meisten dieser Institute nicht staatlich gefördert werden. Gibt es mehrere Ballettschulen am Ort, so entscheidet oft der Konkurrenzdruck des freien Marktes über die Qualität der Angebote. Ein Preis- und Qualitätsvergleich lohnt sich.

Bestehen sollte man auf einer kostenlosen Probestunde. Ruhig sofort mutig mitmachen! Denn wenn man zunächst nur mal ganz vorsichtig zuschaut, täuschen gerade beim Anfänger die Augen das Körpergefühl. Man bekommt eine ganz andere Vorstellung von einer Bewegung, wenn man sie selbst ausprobiert!

Jazz Dance an staatlichen oder privaten Berufsausbildungsinstituten für Bühnentanz:
Diese Kategorie entfällt eigentlich für den Anfänger. Trotzdem sollen diese Schulen der Vollständigkeit halber genannt werden, da sie oft auch Workshops, Sommerkurse usw. auch für fortgeschrittene Laien anbieten.

Auf jeden Fall sollte man beim Besuch eines solchen Kurses schon längere Zeit gut trainiert und getanzt haben. Beachten muß man die in den Ausschreibungen angegebenen Schwierigkeitsstufen.

Für Fortgeschrittene, auch Laientänzer, können solche Intensivkurse durchaus eine stilistische und technische Bereicherung bringen, zumal diese Kurse meist von sehr guten Dozenten geleitet werden. – Entsprechend hoch sind oft auch die Gebühren.

Jazz Dance an Fitneßcentern:
Da es sich hier meist um sehr modebewußte Einrichtungen handelt, treten oft auch die tanzpädagogischen, auf Langzeitwirkung angelegten Aspekte zugunsten eines schnellen Fitneßprogramms zurück. Jazz Dance und seine Varianten werden hier als Beiwerk zur Modeerscheinung »Körperkultur« eingesetzt.

Wem's Spaß macht? – Eine kostenlose Probestunde lohnt sich auch hier.

Jazz Dance an staatlichen, städtischen oder privaten Fortbildungseinrichtungen, Sportvereinen u. a.:
Viele Dozenten in diesen Einrichtungen kommen aus der Sportpädagogik. Entsprechend unterschiedlich sind oft ihre Schwerpunkte in Richtung Tanz. Auch hier gilt die Devise: vergleichen. Bei den mit öffentlichen Geldern geförderten Einrichtungen sind die Teilnahmegebühren meist am niedrigsten. Manchmal muß man aber zunächst einmal Vereinsmitglied werden. Da hier auch die Dozentenhonorare sehr gering sind, kann dies, aber muß nicht, Auswirkungen auf die Stundenangebote haben, die man allerdings manchmal nur unter die Rubrik »Jazzverwandtes« einordnen kann.

Jazz Dance in den Landesarbeitsgemeinschaften für Tanz:
Diese Einrichtungen sind vielen Anfängern unbekannt, deshalb findet man bei den Wochenendkursen, die hier angeboten werden, sehr viele lehrgangserfahrene Teilnehmer aus den Sportbereichen. Die angebotenen Lehrgänge übernehmen häufig eine Verbreitungsfunktion. Da sie aber für Laien gedacht sind und gute, qualifizierte pädagogische Arbeit leisten, kann man sich nach einem Arbeitskreis in Ortsnähe erkundigen, oder man schreibt direkt an den

Arbeitskreis für Tanz im Bundesgebiet
Informationsadresse:

Barbara Lentz
Tempelhofer Damm 62
1000 Berlin 42

Durch diesen Arbeitskreis bekommt man auch Informationen, wo man einen qualifizierten, regelmäßigen Unterricht besuchen kann.
Neben diesen ersten Informationshilfen hilft einem vor Ort natürlich immer wieder die »Mundpropaganda«. Hören und testen durch Mitmachen!

Wie erkennt ein Anfänger, ob ein Lehrer gut ist?

Vorab kann man natürlich Schulleitung, Mitschüler und Lehrer selbst fragen, wo sie ausgebildet worden sind und ob sie Bühnentanz und/oder Bühnentanzpädagogik studiert haben. Je mehr Schüler solche Fragen stellen, um so besser werden im Laufe der Zeit auch die Unterrichtsangebote.

Bei Jazz-Dance-Pädagogen muß man erklärend ergänzen, daß, ähnlich wie bei Folkloretänzern und -pädagogen, eine klassisch-akademische Ausbildung nicht unbedingt erforderlich und manchmal auch nicht vorhanden ist. Viele von ihnen haben bei und mit »Vorbildern« hart trainiert, in Companien (Tanztruppen) getanzt und dann mit dem richtigen »Jazz-feeling« (Gefühl) ihren eigenen Stil entwickelt.

Die klassische Ausbildung und Bühnentanzerfahrung kann eine zusätzliche, Vertrauen einflößende Qualifikation sein, die aber nicht unbedingt besagt, daß die betreffende Person auch gut unterrichtet. Denn manchmal bremst eine klassische Ausbildung die Fähigkeit, Bewegungen zu entwickeln.

Wie gut ein Pädagoge ist, zeigt auch in diesem Fall die Praxis. Die Chance jedenfalls, daß Tanz richtig gelehrt wird, ist größer, wenn die Lehrkraft aus der Tanzpraxis kommt.

In der Unterrichtsstunde hat der Schüler zwar zunächst genug mit sich selbst, der Musik und der Bewegung im Raum zu tun, doch man spürt ganz instinktiv, ob die Stunde gut ist oder nicht.

Um dieses unbewußte Gefühl etwas aufzuhellen, werden in den folgenden Abschnitten einige Fragen zusammengestellt, die man sich selbst stellen kann und die dazu beitragen, objektive Maßstäbe an die pädagogischen Fähigkeiten des Unterrichtsleiters anzulegen. Zugleich fördert ein solcher Fragenkatalog auch das Verständnis für den Lehrer, der auch nur ein Mensch ist und mal einen schlechten Tag haben darf.

Fachliche Qualifikation

- Wird der Körper gut warm?
- Bauen die Übungen organisch aufeinander auf, vom Leichten zum Schweren, ohne ungesunde Schmerzrückmeldung des Körpers, wie z. B. Zerrung, Krampf usw.?
- Werden die Übungen deutlich vorgemacht?
- Wird man unter- oder überfordert? – Das kann in der ersten Stunde durchaus geschehen, besonders dann, wenn man in eine schon längere Zeit bestehende Gruppe geht. Man kann sich aber hinterher beraten lassen, ob man in der Gruppe bleiben kann oder einen anderen Schwierigkeitsgrad wählt.
- Beherrscht die Lehrkraft Fachbegriffe und stilistische Besonderheiten des Jazz Dance?
- Kann sie improvisieren?
- Ist sie musikalisch? – Passen die Bewegungen zur Musik, oder ist die Musik nur »Hintergrundberieselung«? Gibt sie deutliche Bewegungseinsätze? Zählt sie richtig die Takte? Kann sie im Offbeat arbeiten oder immer nur auf 1-2-3-4? Ist die Musikauswahl abwechslungsreich? Der Lehrer sollte nicht nur immer nach einer Geschmacksrichtung die Musik auswählen, sondern auch musikalische Weiterbildung betreiben und wenn möglich auch mal mit Live-Musik arbeiten.

Menschliche Qualifikation

- Hat der Pädagoge selbst Spaß an der Stunde, oder erledigt er nur routiniert einen Job?
- Kann er die Gruppe oder einzelne Teilnehmer zum Tanz stimulieren, mitreißen oder wird nur trocken »geübt«? – Was so langweilig sein kann wie schlechter Mathematikunterricht!
- Werden die Übungen sprachlich und sprechtechnisch deutlich angesagt?
- Wie sieht es mit Einzel- oder Gruppenkorrekturen aus? Sind sie sachlich, humorvoll oder verletzend? Fördern sie die Einsicht und den Bewegungsfluß, oder bauen sie Hemmungen auf?

- Gibt es Blickkontakt zwischen Lehrer und Schüler, oder ist man nur eine anonyme Masse?
- Darf auch mal gelacht werden?

Nicht zuletzt sollte man nach einer Unterrichtsstunde sein Gefühl befragen: »Bin ich zufrieden oder nicht?«

Dieser angenehme Zustand wird erreicht, wenn man jede Bewegung »voll austanzt«. Manche haben dieses Gespür sofort, andere müssen erst das richtige Maß finden. Austanzen heißt, daß man immer an die vermutlichen Leistungsgrenzen herangeht, um sie zu erweitern, sie aber nicht überschreiten sollte, weil der Körper dann sofort mit schmerzhaftem Krampf reagiert.

In dem Moment, wo man das Gefühl hat, daß man sich in einer Stunde austanzen kann, hat man den Ausgleich zwischen richtiger Spannung und Entspannung gefunden, zwischen »Kopf und Bauch«, eine wohlige mittlere Körperspannung (Eutonie) gefunden.

Wenn sich dieses Erlebnis einstellt, war es mit Sicherheit eine gute Unterrichtsstunde.

Einen wichtigen Beitrag dazu leisten auch die Unterrichtsteilnehmer. Man kann zwar sagen: »gute Lehrer – gute Schüler«, genauso gilt jedoch auch: »gute Schüler – gute Lehrer«!

Tanz ist eine sehr menschliche und lebendige Kommunikationsform. Wenn eine Gruppe nur zum Unterricht kommt, um »sich fürs Geld bewegen zu lassen«, dann gehört von seiten des Pädagogen schon eine übermenschliche Kraft und Leistung dazu, auf diese konsumorientierte Haltung mit Elan und Freude am Tanz zu reagieren.

Allerdings muß der Pädagoge trotzdem seinen fachlichen Bildungsvorsprung einsetzen und durch Abwechslung, psychologische Lockerungsübungen, humoristische Attacken auf die Bauch- und Gesichtsmuskulatur diese Gruppenhaltung verändern, um so aus einer »schwierigen« Gruppe eine »leichte« Gruppe zu machen. Nur dann kann das Ergebnis für alle wieder befriedigend sein.

Organisatorisches

Anmeldung

Bevor man sich irgendwo fest anmeldet, sollte man die Unterrichtsverträge hinsichtlich der Dauer, der Zahlungsbedingungen usw. genau durchlesen. Es gibt Institute, die sogar eine Gebühr für den reinen Verwaltungsakt der Anmeldung verlangen, ohne jegliche Unterrichtsleistung.

Vergleichen sollte man auch immer das Preis-Leistungs-Verhältnis, das sich hier aus Unterricht (Qualität und zeitliche Dauer) und Komfort (Ausstattung und Gruppengröße) zusammensetzt.

Ausstattung und Gruppenstruktur

Damit sind wir auch schon bei einer anderen wichtigen Sache, die für das tänzerische »Klima« nicht unerheblich ist. Da spielen zunächst die Räume eine Rolle, in denen man sich bewegt. Es gibt Schulen, die eher abbruchreifen Fabrikhallen ähneln und trotzdem ein urgemütliches, fast bühnenreifes Ambiente haben. Es gibt Chrompaläste, in denen man trotz intensiver Bewegung friert. Manchmal sind es nur Kleinigkeiten, die sich summieren. Der eine fühlt sich da wohler, der andere dort. Zur wichtigen Ausstattung gehören:

● Tanzfußboden, der etwas nachgibt

- Spiegel, zumindest an einer Wand
- Duschmöglichkeiten
- Umkleideräume

Stimmen diese Grundvoraussetzungen, merkt man schon bald, ob die Räume eine angenehme oder unangenehme Atmosphäre durch diejenigen bekommen, die sie beleben. Angefangen von der Leitung bis hin zum Anfänger, der gerade hereinkommt.

Und nun zur Gruppe selbst. Gut wäre es, aber bis heute leider Utopie, wenn die Gruppen heterogen (verschiedengeschlechtlich) besetzt wären. Durch die oft harte körperliche Zusammenarbeit könnten geschlechtliche Vorurteile schneller abgebaut werden. Der moderne Bühnentanz ist aus diesem Grund einer der wenigen Bereiche, in dem beide Geschlechter fast ohne Vorurteile zusammenarbeiten.

In der Laientanzpraxis sieht es leider oft so aus, daß die wenigsten Männer den Mut haben, in einer Gruppe mitzutanzen, in der die Frauen in der Überzahl sind. So bleibt aus dieser Angst heraus, etwas einzubüßen vom männlichen Ego des unbedingt Stärker-sein-Müssens, das Vorurteil erhalten, Tanzen sei »Weiberkram«. Dabei könnte hier die Erfahrung gemacht werden, daß auch der andere oder die andere ein ganz natürliches Wesen ist, das genauso schwitzt, lacht oder stöhnt und mit denselben Schwierigkeiten zu kämpfen hat, wie man selbst.

Nicht nur Männer könnten in solche Gruppen integriert werden, sondern auch Kinder, von denen Erwachsene eine Menge an Spontaneität und Improvisationsfähigkeit lernen könnten.

Teilweise sind hier aber auch durch die Berufswelt oder pädagogische Kriterien Grenzen gesetzt, die man ruhig einmal überdenken sollte. Eine solche gänzlich gemischte Gruppe wäre sicher Modellversuche wert: Einteilungen nach Leistungsstufen und nicht nach Alter und Geschlecht.

Falsch verstandene Autoritäten und Rollenklischees könnten abgebaut werden und dem gegenseitigen Verständnis weichen.

Bekleidung

Richtig und wichtig ist, daß man sich bequem kleidet: Trainingsanzug oder Trikot. Die erste Probestunde dient auch der modischen Orientierung, denn man möchte ja nicht gleich »unangenehm« auffallen. Trotzdem möchte und soll man sich in der eigenen Haut wohlfühlen!

Wichtiger als der modische Aspekt, der für das seelische Gleichgewicht nicht unerheblich ist, sind praktische Dinge. Die Bewegungsfreiheit muß durch die Kleidung garantiert sein, und man sollte möglichst Materialien aus natürlichen Fasern (wie Baumwolle, Wolle) tragen, die saugfähig und luftdurchlässig sind und obendrein die Muskeln warm halten. Warme Muskeln und Sehnen lassen sich leichter strecken, und die Verletzungsgefahr ist geringer. Mit der Zeit weiß man, ob man z. B. Beinwärmer braucht u. ä., was auch von der Jahreszeit und vom Unterrichtsstil abhängt.

Viele Anfänger »verstecken« sich hinter dunklen Farben und weiten Pullovern. Ein Lehrer sieht aber bei hellen und enganliegenden Trikots mehr von der Haltung und Bewegung und kann so auch gezielte Korrekturen geben.

Für die Fußbekleidung gibt es unterschiedliche Möglichkeiten: entweder barfuß oder in Jazzschuhen. *Barfuß* hat man einen besseren Kontakt zum Fußboden, was im Jazz Dance und Modern Dance sehr wichtig ist. Für Drehungen und Raumwege sind *Jazzschuhe* aber wiederum angenehmer, denn man kann sich gar nicht genügend Hornhaut antrainieren (und das möchte man ja auch nicht), um die Hitze, die durch die Reibung bei Drehungen an den Fußsohlen entsteht, nicht mehr zu spüren. Manche ziehen je nach Übung die Schuhe an und wieder aus. Hier muß jeder nach seinem Gefühl entscheiden.

Längere Haare sollten übrigens befestigt werden, damit sie bei schnellen Richtungsänderungen nicht immer wieder vor und in die Augen fallen.

Körperpflege

Außer der passenden Kleidung gehört zur Körperpflege während des Trainings auch die Raumbelüftung. Der Raum sollte vor und nach der Stunde gut gelüftet werden, aber keinesfalls sollte während der Stunde Zugluft herrschen. Die Muskeln könnten wie eine heiße Ofenplatte reagieren, auf die man plötzlich kaltes Wasser gießt. Zu leicht kann man sich auch einen Schnupfen holen.

Schwitzen ist wichtig und gesund, und man sollte die Fenster nur weit offen lassen, wenn die Außentemperatur der Saaltemperatur entspricht oder im Sommer sogar manchmal drüberliegt.

Nach dem Training sollte man kurz und nur lauwarm duschen, damit sich die Hautporen schließen. Heiß-kalte Wechselduschen sind überflüssig, da der Kreislauf sowieso angeregt ist. Lauwarmes Wasser beruhigt den Kreislauf, ohne müde zu machen.

Für die Haut ist es nach dem Schwitzen angenehm, wenn sie trockenmassiert wird. Mit entsprechenden Ölen kann man auch den natürlichen Fett- und Säuregehalt der Haut wiederherstellen, die durch Schwitzen und Duschen leicht austrocknen kann. Am angenehmsten ist es natürlich, wenn man nach dem Training massiert wird.

Abrunden kann man das wohlige Gefühl durch passende Getränke und Speisen, wie z. B. Mineralwasser oder ein schönes Glas Bier und dazu eine Salatplatte mit Ei und Vollkornbrot. Eine solche oder ähnliche Getränke- und Speisekarte gibt dem Körper schnell die nötigen Salze, Vitamine, Mineralien und Ballaststoffe zurück, ohne ihn erneut zu belasten.

Einführung in die Tanzpraxis

Begriffe und Abkürzungen

Zu Beginn aller folgenden Einzelkapitel werden die jeweiligen, durch Text und Übungen neu eingeführten Fachwörter und Abkürzungen erklärt. Im Anhang befindet sich dann nochmals eine Zusammenfassung aller durch die Praxis erarbeiteten Begriffe (siehe Sachregister).

Da sich der Jazz Dance in den USA entwickelt hat, ist die Fachsprache überwiegend Englisch, darunter finden sich auch Ausdrücke aus dem Modern Dance.

Darüber hinaus gibt es ebenso Ausdrücke aus der Ballettsprache Französisch und der Musiksprache Italienisch.

Häufig verwendete Begriffe und Abkürzungen	
collapse	zusammenknicken (zusammenfallen); typische Körperhaltung im Jazz Dance
push(es)	Stoßbewegung(en)
fall(s)	Fallbewegung(en)
shake(s)	Schüttelbewegung(en)
Positionen, (Abk. Pos.)	standardisierte Arm- und Beinhaltungen

Opposition	gegengleiche Bewegung von Körperteilen
Monorhythmik	gleichbleibender, einfacher Rhythmus
Polyrhythmik	gleichzeitige verschiedene Rhythmen im Beat und Offbeat
Beat	regelmäßiger Taktschlag
Offbeat	unregelmäßiger Taktschlag
Swing	Klangergebnis von Polyrhythmik
levels	Niveau, horizontale Bodenbewegungen, die das Verhältnis des Körpers zum Boden betonen. Der Boden (die Erde) wird vom Jazztänzer »geliebt« und als wesentliches Raumelement für viele Körperisolationen, aber auch als symbolisches Element für Fruchtbarkeit und Tod in den Tanz einbezogen. – Ganz im Gegensatz zum klassischen Tänzer, der sich am liebsten nur so lange am Boden befindet, wie es ihm die Schwerkraft abverlangt. Man denke an den Spitzentanz der Ballerinen und die Sprungvirtuosität der Ballerinos.
Motion	Bewegung
nonlocomotor	binnenkörperliche Bewegung (innerhalb des Körpers)
locomotor	Fortbewegung im Raum
Isolation	einzelne, isolierte Bewegung eines Körperteils
standing	stehen
sit	sitzen
leap	Sprung von einem Bein auf das andere
hop	Hüpfer, Landung auf dem oder den jeweiligen Absprungbein/en

lay down	liegen
step	Schritt, Gewichtsverlagerung von einem auf das andere Bein in jeder möglichen Form
clap hands	in die Hände klatschen
stamp	stampfen mit dem Fuß
hipwalk	gehen aus dem Becken heraus. Es kann jeweils eine Hüftseite oder das ganze Becken die Fortbewegung einleiten oder führen
turned in, turn in (Abk. t-in)	eingedreht, nach innen drehen
turned out, turn out (Abk. t-out)	ausgedreht, nach außen drehen
demi plié	halbtiefe Kniebeuge, wobei die Fersen fest am Boden bleiben
grand plié	tiefe Kniebeuge, wobei sich, außer in der 2. Beinposition, die Fersen vom Boden lösen
stretch	strecken, dehnen
relevé	erheben zum Ballenstand
ballstand	Ballenstand auf einem oder zwei Beinen
jazz hands	typische Handhaltung im Jazz Dance, wobei die Finger voneinander isoliert und gespreizt sind

Raumfiguren

cross	Kreuzform, Kreisweg
square, carré	Quadrat, Rechteckweg
circle	Kreisform, Kreisweg
eight	Achterform, Achterweg

Zeiteinteilung

Zt.	Abkürzung für Zeit; wenn Bewegungsabläufe vom zeitlichen Ablauf her beschrieben werden

Korrekturhilfen

Damit der Unterschied zwischen »falscher« und »richtiger« Bewegung immer deutlich wird, werden zwischendurch Anregungen für Korrekturen in Form von Übungen gegeben. Dabei sind die 3 Sinnesbereiche besonders wichtig:

Fühlen das Ausprobieren der Gegensätze von »falscher« und »richtiger« Bewegung alleine oder mit einem Partner

Sehen Selbstkorrektur vor einem Spiegel

Hören Korrektur durch den Partner oder Lehrer; Selbstkorrektur bei rhythmischen Übungen mit Stimme, Händeklatschen usw.

Einige Faustregeln zur Vorbeugung vor Verletzungen, Frust, Verkrampfungen:

- Schultern runter
- Arme nicht steif halten
- Knie immer in Fußmitte über den Zehen halten und nicht nach innen rollen, sondern den ganzen Fuß belasten
- Arme nicht »vergessen«, immer bewußt mitführen
- jede Bewegung bewußt spüren
- jede Bewegung klar und deutlich ausführen
- jede Bewegung maximal »austanzen«

Wichtige Elemente im Jazz Dance

In den folgenden Abschnitten werden praktische Anleitungen und Korrekturhilfen zu den Themen Haltung, Arm- und Beinpositionen, Raumrichtungen, Rhythmus gegeben.

Haltung

Entgegen der betont aufrechten Haltung im klassischen Tanz und abweichend von der mittleren Schwerpunktlage des Beckens beim aufrechten menschlichen Gang sind im Jazz Dance die Beine und die Arme flexibel gebeugt (*Collapse-Haltung*); die Wirbelsäule folgt ihrer anatomisch vorgegebenen Linie. Der Körper ist in jeder Hinsicht in gut federnder, ausgeglichener und aufmerksamer Bereitschaft, um die swingenden Impulse der Musik in Bewegung umzusetzen.

Es ist sozusagen eine Spannung vorhanden wie bei einem Netz unter der Zirkuskuppel: flexibel, aber nicht schlaff, gespannt, aber nicht straff.

Aus dem Zentrum, das den Nervenreiz aufnimmt – es muß nicht die Mitte des Körpers sein –, setzt sich die Bewegung in wellenartigen Impulsen auf den übrigen Körper und in den Raum hinein fort.

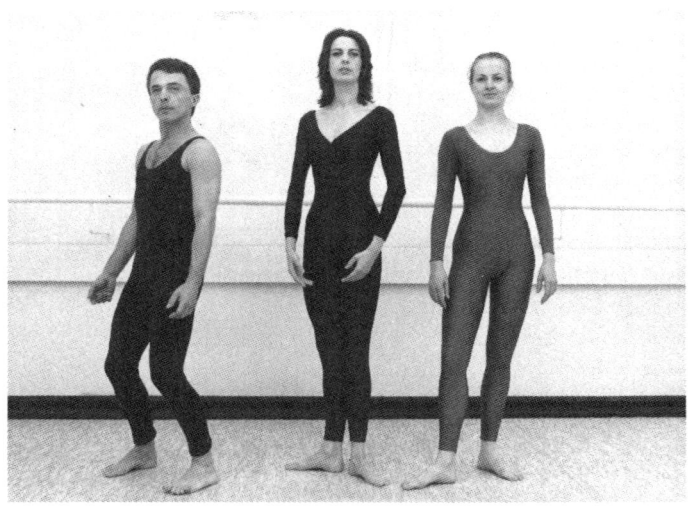

Collapse, Füße parallel in Hüftbreite, Arme und Rücken flexibel, locker

Haltung im klassischen Tanz, ausgedrehte Füße, sehr aufrechte gerade Haltung

Aufrechte menschliche Haltung, Füße leicht in V-Stellung, Standbein, Spielbein

Übungen für die Collapse-Haltung

- Stellen Sie sich ganz angespannt in den Raum. Alle Muskeln von den Zehen bis zum Gesicht und zu den Fingern sind völlig angespannt.

Jetzt alles loslassen, auch die Knie. Oberschenkel dürfen nicht nach innen fallen!
Diese Übung mehrmals wiederholen, auch die falsche Beinstellung zur Kontrolle mal ausprobieren.

richtig   falsch

- Collapse-Haltung einnehmen und sich zur Musik bewegen, ohne daß die Füße den Standort wechseln. Das »Jazzfeeling« (Jazzgefühl) bekommen und mit einzelnen Körperteilen die Musik, den Rhythmus spüren: z. B. mit dem Becken, mit einzelnen Gesäßmuskeln, mit den Schultern, mit dem Oberkörper. Improvisieren Sie drauflos! Man kann mit vielen Bewegungen tanzen.
- Versuchen Sie dasselbe mit »normaler« Haltung, und Sie werden spüren, daß Sie viel geneigter sind, das Standbein oder den Standort zu wechseln.
- Versuchen Sie dasselbe in »klassischer«, völlig aufrechter Haltung, und Sie haben auf einmal kein swingendes Gefühl mehr.

Polyrhythmische Musik läßt sich also am besten in der Collapse-Haltung erleben.

Jeder, der zu Popmusik z. B. in der Disko improvisiert, tut dies fast automatisch. Der Rhythmus geht in die Kniekehlen und Ellenbogen. Je flexibler und ungehemmter die Tanzenden auf die Musik eingehen, um so organischer sieht das Bewegungsbild aus. Sie sehen nicht mehr so »steif«, sondern eher »locker« aus, obwohl beides mehr einer gefühlsmäßigen Wertung entspricht.

In Wirklichkeit findet ein ständiger, fließender oder akzentuierter Wechsel von Spannung und Entspannung statt, der in den Übergängen beim Aufeinandertreffen dieser Spannungswechsel eine kontinuierliche, angenehme Elastizität erzielt, die auch expressive Stöße (pushes), plötzliches Fallenlassen (falls) oder Schütteln (shakes) zuläßt, um sie sogleich wieder nachfedernd und swingend aufzufangen.

Freie Armbewegungen und standardisierte Arm- und Beinpositionen

Genauso, wie in der Weltsprache Musik Notensysteme eingeführt wurden, um Kompositionen wiederholbar machen zu können, wurden auch im Jazz Dance Arm- und Beinpositionen aus dem klassischen Tanz und dem Modern Dance übernommen und standardisiert. Sie liefern für Bewegungsabläufe die jeweiligen Ausgangsstellungen und anatomischen Voraussetzungen, wie z. B. eine aufrechte, ununterbrochene Körperachse. Außerdem erleichtern sie die Bewegungsbeschreibung, denn das »Was«, »Wie« und »Warum« wird als abstrakte Formel, die man kennen muß, zusammengefaßt.

Die Arme und Hände haben auch im Tanz Greif-, Stütz- und Bewegungsfunktionen, um die Körperbalance herzustellen. Außerdem sind sie wichtige Körperteile für Ausdrucksgesten.

Im Jazz Dance gibt es außer den standardisierten, formalen Positionen unzählige freie Arm- und Beinbewegungen, die der jeweiligen Inspiration, Reaktion und Choreographie entspringen.

Es gibt allerdings Bewegungsstrukturen, die zum Teil anatomisch bedingt sind und sich oft wiederholen, so die Haltung der Hände, die sogenannten »Jazz-hands«.

Übungen für die richtige Plazierung der 1. und 2. Armposition

- *Einzelübung für die 1. Position:*
  Stellen Sie sich mit geschlossenen Augen in den Raum, führen Sie die Arme zur 2. Position, und von da aus bringen Sie die Unterarme zur 1. Position. Die Oberarme nicht verändern. Die beiden Mittelfinger sollen sich vor der Brustmitte treffen. Die Handflächen sind dabei zum Körper gewandt.

2. Position

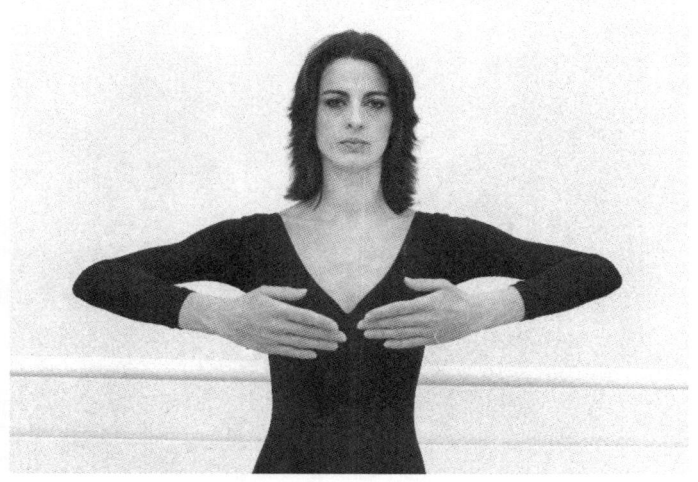

1. Position

● *Partnerübung für die 2. Position*:
Stellen Sie sich gegenüber auf. Augen zu. Die Arme zur
2. Position führen. Die Fingerspitzen treffen sich.
Die Arme sind nicht ganz zur Seite gerichtet, damit nicht so
schnell ein Hohlkreuz entsteht. Sie werden vor dem Körper
aus der Rückenmitte heraus flexibel »getragen«, vergleich-
bar mit der Balancestange eines Seiltänzers. Man kann auch
dieses Balancieren mit einer fiktiven Stange einmal ausprobieren.

3. Position

4. Position

58

5. *Position*

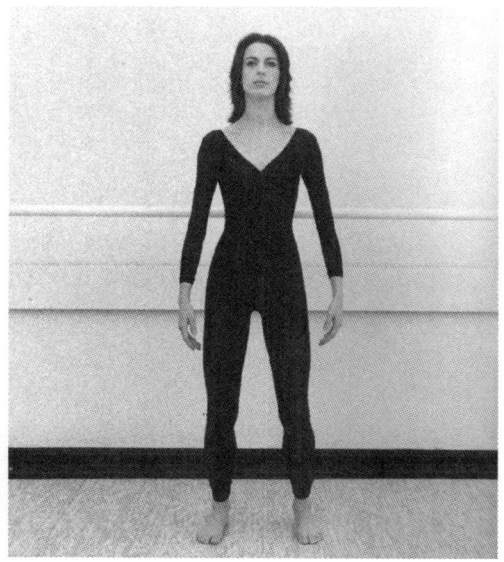

Ausgangsposition

59

Übungen für die richtige Plazierung der Beinpositionen

1) Ausgangsposition
2) Oberschenkel vom Hüftgelenk her ausdrehen, die Zehen schauen nach rechts und links außen. Das ist die 1. Position t-out.
3) Vom Hüftgelenk her die Fersen nach außen verschieben, parallel zu den Zehen. Das ist die 1. Pos. t-in.
4) Die Zehen wieder nach außen, t-in und Wiederholung t-out, das ist die 2. Position t-out.
5) t-in. Das ist die 2. Position parallel.
6) Rechtes Bein und rechten Fuß strecken und zurück zur 1. Position.
7) Aus der 1. Position rechtes Bein und rechten Fuß vorwärts strecken und Ferse absetzen, das ist die 4. Position, t-in.
8) 4. Position t-out, rechtes Bein und rechten Fuß strecken und vor dem Standbein schließen. Das ist die 3. Position t-out.
9) 3. Position t-in, man gehe wieder mit gestrecktem rechten Bein und rechtem Fuß zurück in die Ausgangsposition. Wiederholung links!

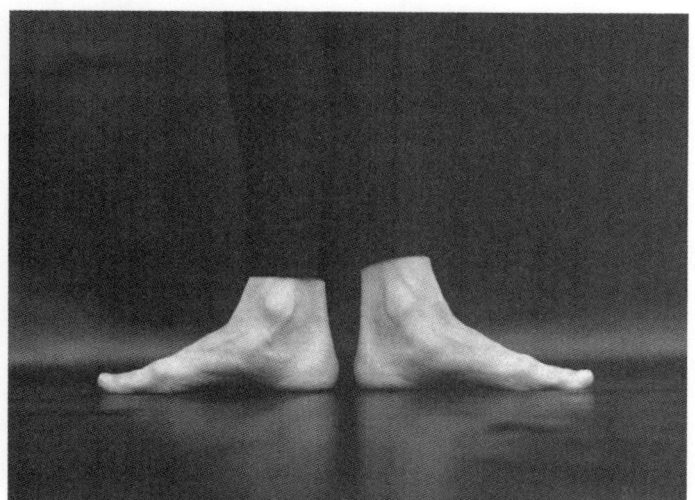

1. Position t-out

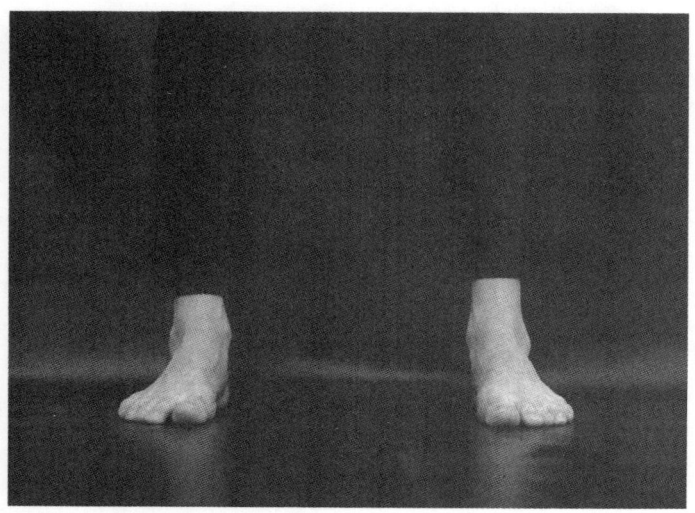

1. Position t-in

→

61

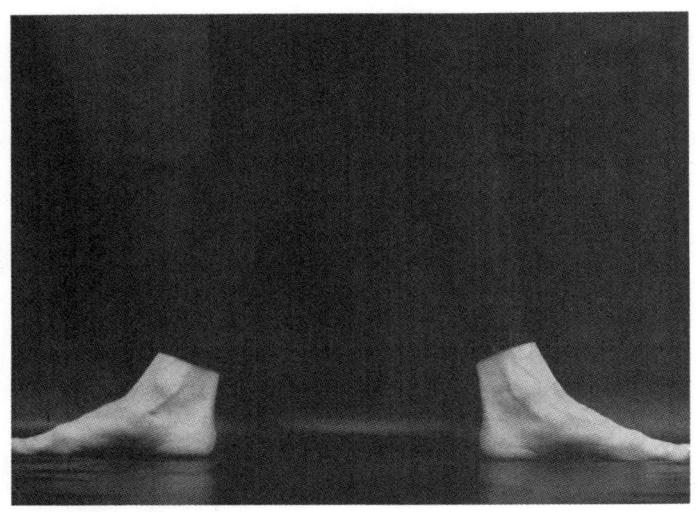

2. Position t-out

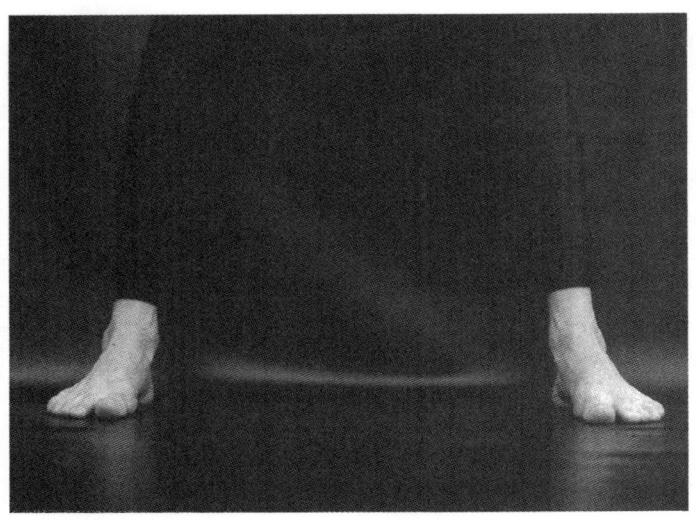

2. Position t-in

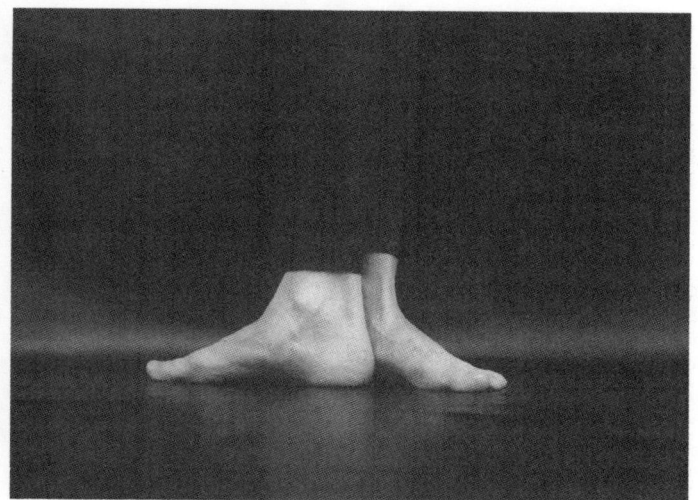

3. Position t-out

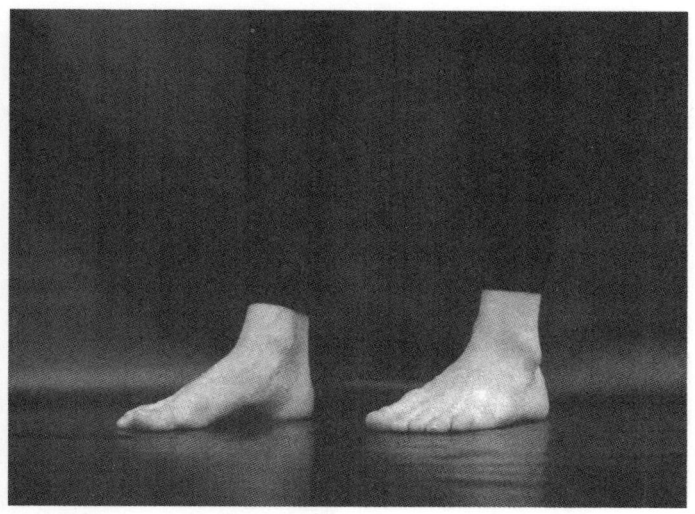

3. Position t-in →

63

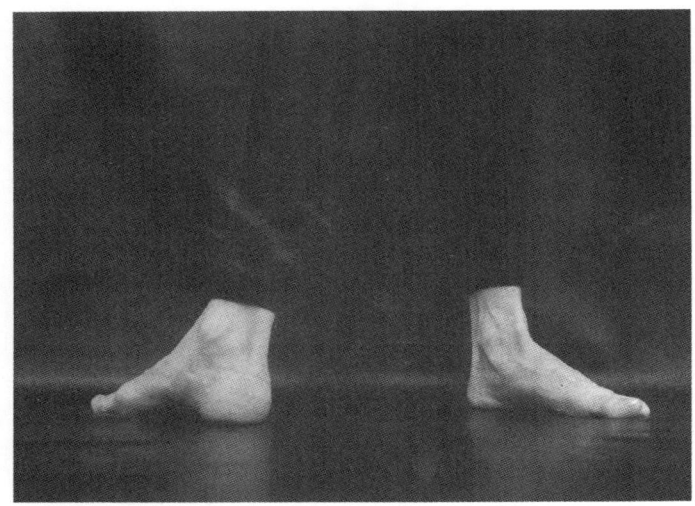

4. Position t-out

4. Position t-in

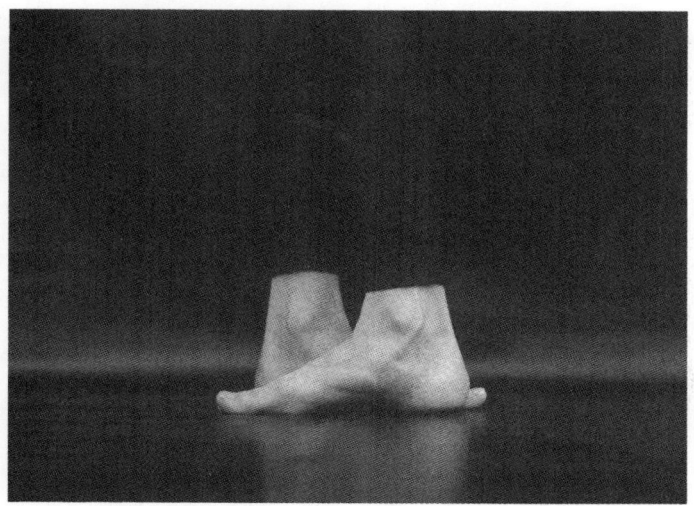

5. Position t-out

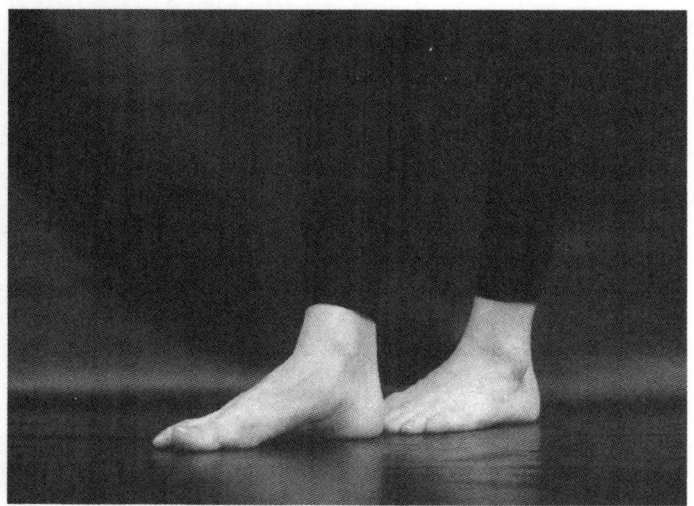

5. Position t-in

65

Übungsfolge für Positionen am Boden

Ausgangsposition: ausgedrehte Beine, aufrechter Oberkörper

1. Position gebeugt	1. Position gestreckt
2. Position gebeugt	2. Position gestreckt
5. Position gebeugt	5. Position gestreckt
4. Position »Graham-Sitz«	Oberkörper vorwärts
rechts:	Oberkörper Ausgangsposition
	Oberkörper rückwärts
	Oberkörper Ausgangsposition
	Oberkörper rechts
	Oberkörper Ausgangsposition
	Oberkörper links
	Oberkörper Ausgangsposition

4. Position links, Wiederholung der Oberkörperbewegungen
2. Position, Hüfte heben, Oberkörper nach rechts, Wiederholung nach links
Abschluß in der 1. Position gestreckt

1. Position gebeugt

1. Position gestreckt

2. Position gebeugt $\longrightarrow$

67

2. Position gestreckt

5. Position gebeugt

5. Position gestreckt

4. Position »Graham-Sitz« rechts →

Oberkörper vorwärts

Oberkörper Ausgangsposition

70

Oberkörper rückwärts

Oberkörper Ausgangsposition $\longrightarrow$

71

Oberkörper rechts

Oberkörper Ausgangsposition, Arme in 2. Position

72

Oberkörper links

Oberkörper Ausgangsposition, Arme in 2. Position $\longrightarrow$

2. Position, Hüfte heben

Abschluß in der 1. Position gestreckt

74

Raumrichtungen und Raumwege

Hauptrichtungen: rechts
links
vorwärts
rückwärts
oben
unten
diagonal

Raumwege: geradlinig
kurvig
cross
square, carré
circle
eight

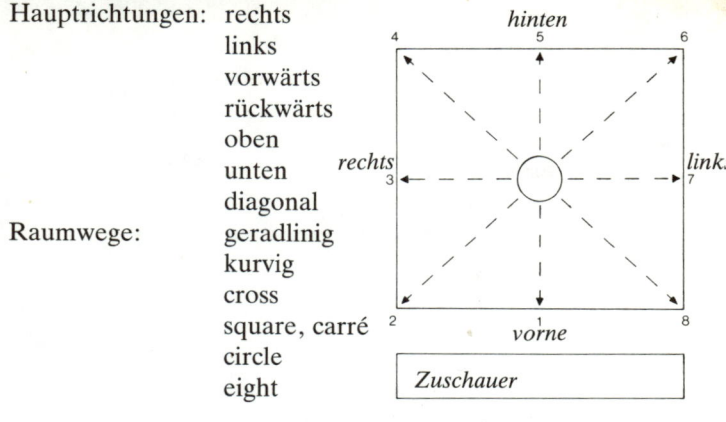

Raumrichtungen

Übungen für die Raumrichtungen

- Der Tänzer steht in der Raummitte: Kopf im Uhrzeigersinn nach rechts drehen in die 2. Richtung, Körper folgt – und so immer ⅛ Wendung weiter, bis wieder die 1. Richtung erreicht ist.
- Hierauf verschiedene Richtungen nennen: erst den Kopf in die genannte Richtung drehen, dann in die genannte Richtung gehen.
- Zunächst immer die Augen in die Richtung drehen, dann die jeweils gewünschte Körperpartie. Dies ist eine wichtige Übung für das Raumgefühl und eine Vorbereitung für Drehungen.
- Variante mit Isolations- und Ganzkörperbewegung: Kopf in die Richtung drehen, mit Armgeste hinzeigen, mit dem ganzen Körper hinbewegen.

Körperebenen

frontal   hoch, tief, rechts, links
horizontal rechts, links, vorwärts, rückwärts
sagittal   hoch, tief, vorwärts, rückwärts

Raumebenen

hoch   ballstand, leap, hop
mittel   stretch, standing
tief   collapse, demi plié, grand plié, sit, lay down

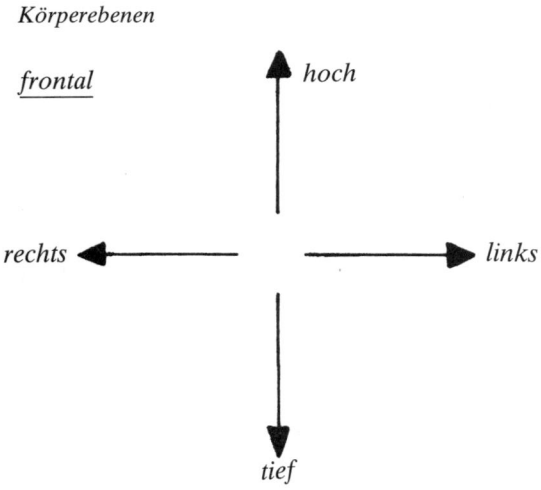

Körperebenen

frontal   hoch

rechts ◄────────   ────────► *links*

tief

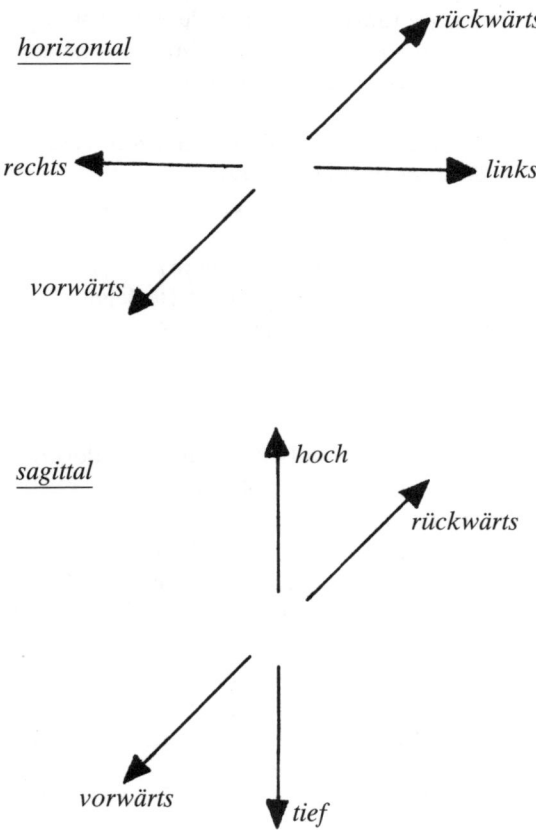

Rhythmus

In allen Kombinationen und Improvisationsanregungen sind auch rhythmische Elemente enthalten. Je nach Musikauswahl verändern sich die Dynamik und das Tempo des Bewegungsablaufs. Als musikalischer Hinweis für die Übungen werden bewußt nur Takte genannt, um den individuellen musikalischen Geschmack nicht zu beeinflussen.

Manche Bewegungsabläufe sind schwieriger und müssen deshalb langsam ausgeführt werden, andere Bewegungen, wie z. B. in den Übungen zu den Raumrichtungen, können in einem mittleren Tempo durchgeführt werden.

Vorschläge, mit denen man das rhythmisch-musikalische Empfinden für Jazz trainieren kann

- Monorhythmische Musik, Walzer und Marschmusik nacheinander auflegen und
  locomotor (Fortbewegung im Raum)
  non-locomotor (binnenkörperliche Bewegung)
- Polyrhythmische Musik, Blues und Swing nacheinander auflegen und
  locomotor
  non-locomotor
- »Take Five« (⅝-Takt) von Dave Brubeck auflegen und
  locomotor mit genauen Fußakzenten
  non-locomotor mit clap hands
- Entweder »Unsquare Dance« (⅞-Rhythmus) von Dave Brubeck oder ¼-Beat im mittleren Tempo. Zuerst kann man die Übung auf 8 Zeiten machen, dabei ist die 8. Zeit eine Pause.
  Später sollte man versuchen, den ⅞-Rhythmus des »Unsquare Dance« in Hand- und Fußrhythmen umzusetzen und danach auch in Bewegungen von anderen Körperteilen.
  Ausgangsposition: 1. Position collapse
  1. Takt
  1 step rechts
  2 clap hands
  3 step links
  4 clap hands
  5 step rechts
  6 clap hands
  7 clap hands
  (8 entweder Pause oder – im »Unsquare Dance« – sofort die neue 1, die mit den linken Fuß beginnt.)

- Einen monorhythmischen Walzer und einen Jazz-Waltz nacheinander auflegen und durch locomotor und non-locomotor die dynamischen und zeitlichen Unterschiede fühlen.

Kombination zum Thema Ganzkörperbewegung, Raumrichtungen, Rhythmus

Ausgangsposition:	1. Position collapse
1. Takt 1 – 2 – 3 – 4:	3 steps vorwärts, rechtes Bein beginnt, clap hands
2. Takt 1 – 2 – 3 – 4:	3 steps rückwärts, linkes Bein beginnt, clap hands
3. Takt 1 – 2 – 3 – 4:	3 steps nach rechts, rechtes Bein beginnt, clap hands
4. Takt 1 – 2 – 3 – 4:	3 steps nach links, linkes Bein beginnt, clap hands
5. Takt 1 und 2:	Wechselschritt mit rechter Hüfte vorwärts in 2. Raumrichtung
3 und 4:	Wechselschritt mit linker Hüfte vorwärts in 2. Raumrichtung
6. Takt 1 und 2:	Wechselschritt mit rechter Hüfte vorwärts in 6. Raumrichtung
3 und 4:	Wechselschritt mit linker Hüfte vorwärts in 6. Raumrichtung
7. Takt 1 und 2:	Wechselschritt mit rechter Hüfte vorwärts in 8. Raumrichtung
3 und 4:	Wechselschritt mit linker Hüfte vorwärts in 8. Raumrichtung
8. Takt 1 und 2:	Wechselschritt mit rechter Hüfte vorwärts in 4. Raumrichtung
3 und 4:	Wechselschritt mit linker Hüfte vorwärts in 4. Raumrichtung
9. – 12. Takt:	Kreisweg über rückwärts, wieder in die Ausgangsposition

Bei dieser Raumübung gibt es vielfältige Variations- und Improvisationsmöglichkeiten für clap hands, Armhaltungen sowie Armbewegungen.

Unterrichtskonzept

Zum Aufbau einer Trainingsstunde

Das Unterrichtskonzept des Tanzpädagogen basiert auf körperlichen Gegebenheiten und Fähigkeiten, wie zunächst das Aufwärmtraining für die Muskelpartien, das Erkunden der vorhandenen Fähigkeiten innerhalb der Gruppe sowie das Erkennen, ob diese zu Fortschritten fähig ist.

Inhalt des Unterrichts sind die Themen des Jazz Dance:

collapse	jazz-typische Haltung (zusammenknicken)
Isolation	einzelne, isolierte Bewegungen von Körperteilen (Zentren)
Opposition	gegengleiche Bewegung von Körperteilen in verschiedene Richtungen
Koordination	Gleichzeitigkeiten von verschiedenen Bewegungsfolgen
Polyzentrik	mehrere Körperpartien (Zentren) bewegen sich gleichzeitig und verschiedenartig
Multiplikation	Vervielfältigung von Bewegungsfolgen
jazz levels	jazz-typische Bodenbewegungen
jazz walks	jazz-typische Fortbewegungen
jazz turns	Drehungen und Pirouetten
jazz leaps	Sprünge
jazz locomotors	Raumkombinationen

| Improvisation | Fähigkeit zu spontanen, einmaligen »Einfällen«, binnenkörperlich und räumlich (innerhalb des Raumes) |
| Gestaltung | Festlegung von Raum- und Bewegungsmustern |

Lockerungsübungen sind beim Training, ob allein oder in der Gruppe, sehr wichtig. Wenn die Konzentration oder Spannung zu groß wird, sollte man immer wieder Lockerungen einbauen, die Spaß machen und die mit der Musik und dem Tanz im Einklang stehen.

Beispiele hierfür sind:
- Simple Bewegungen, die mit dem Rhythmus einhergehen: Klatschen, Stampfen, Schnipsen usw.
- Bewegungen, die dem Körper »guttun«: Rücken lockern und aushängen, Arme und Beine ausschütteln.

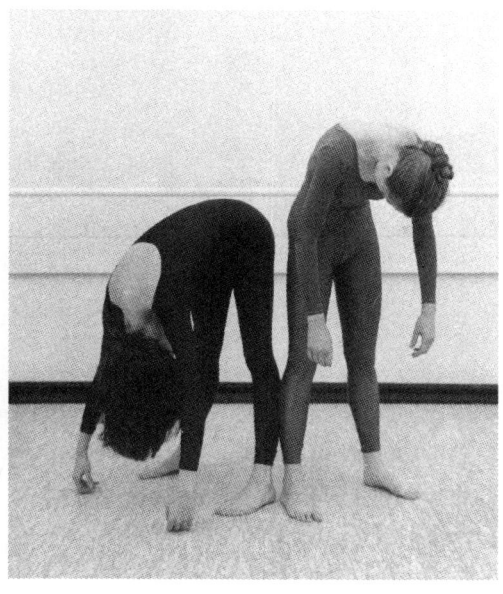

● Bewegungen, die vom Ausdruck her witzig sind und Spaß
  machen: komische, dramatische oder absurde mimische
  Ausdrucksgesten mit Kopf, Schultern, Armen, Händen,
  Beinen usw.

Mit der Aufwärmphase erfolgt die tänzerisch-musikalische
Einstimmung. Der Pädagoge muß, ähnlich wie der Koch-
künstler in seinem Bereich, die richtige Dosierung von Themen und zeitlicher Abfolge finden, aufeinander abstimmen
und eine Mischung komponieren, die möglichst allen
»schmeckt«.
Es können, müssen aber nicht, immer alle Themen des Jazz
Dance angeschnitten werden. Ihre jeweilige Zusammenstel-
lung sollte jedoch so sein, daß sie aus den technischen Besonderheiten heraus dem Tänzer im Wechsel von Spannung und
Entspannung, Konzentration und Lockerung ein »jazzy fee-
ling« geben und genau wie in der klassischen traditionellen
Tanzausbildung Technik und Ausdruck erweitern. Das Trai-
ningsziel ist, eine ideale Form der Übereinstimmung von Absicht und Können zu realisieren.

Man könnte sich fragen, ob Techniktraining und Improvisation einander nicht widersprechen. Technik ist zwar nicht das Wichtigste, aber ohne sie ist Jazz Dance nicht möglich. Eine qualitative Verbesserung der Improvisation ist nur durch Erweiterung der technischen Fähigkeiten möglich, damit man für das, was man »sagen« möchte, den richtigen »Ausdruck« findet.

Wird die eine oder andere Seite vernachlässigt, entstehen sehr schnell stereotype Bewegungsmuster, so z. B. die in vielen Laienchoreographien immer wieder anzutreffenden mehrarmigen indischen Götterfiguren oder Gruppenformationen, die man auch bei guteinstudierten Truppenparaden findet.

Gerade im Jazz-Dance-Bereich gibt es auch innerhalb der Technikschulung viele Möglichkeiten zu improvisieren. Sei es durch Anregung des Lehrers, der Musik oder einfach aus der eigenen Spontanität heraus.

Wichtig ist gerade am Anfang, daß man nicht alle möglichen Bewegungstechniken unendlich oft wiederholt, bis man sozusagen einen Körpertrick oder Effekt beherrscht, sondern daß man an dem »Wie«, dem Bewegungsfluß, den Übergängen von einer Bewegung zur anderen arbeitet und variiert, denn dieses Element zwischen den Bewegungen macht den Tanz aus. An dieser Stelle setzt also das einander befruchtende Wechselspiel zwischen Technik und Improvisation ein.

Durch den Reiz neuer Techniken, d. h. eines neuen Bewegungsvokabulars, werden Standards (grundlegende Bewegungsmuster) hinterfragt und durch neue Ausdrucksformen abgelöst. Der persönliche Ausdruck wird auf diese Weise vielseitiger.

Warm ups

Begriffe

bend	Oberkörper vorwärts beugen
bounce	federn mit den Knien oder dem Oberkörper
collapse	jazz-typische Haltung (zusammen-knicken)
demi plié	Kniebeuge halbtief (Fersen befinden sich noch auf dem Boden)
elbow	Ellenbogen
flex	beugen
grand plié	Kniebeuge tief (die Fersen lösen sich, außer in der 2. Position, vom Boden)
knee raise	Knie heben
locomotor	Fortbewegung im Raum
Multiplikation	Vervielfältigung von Bewegungsabläufen innerhalb einer bestimmten Zeit, z. B. auf 4 Zeiten zuerst 2mal, dann 4mal, dann 8mal dieselben Bewegungen machen
placement	Plazierung, Haltung
relever, relevé	Fersen in den Ballenstand erheben, Erhebung in den Ballstand
shake	schütteln
shoulder	Schulter
shoulder shake	Schultern schütteln
side stretch	Flankendehnung, der Oberkörper bleibt frontal, die Seiten werden maximal gestreckt
stretch, stretching	dehnen, Dehnung
table top	Oberkörper im rechten Winkel zueinander

turned in (Abk. t-in)	eingedreht
turned out (Abk. t-out)	ausgedreht
warm ups	Übungen zum Warmwerden, für die Aufwärmphase

Warm ups sind für alle körperlichen Übungen in allen Schwierigkeitsgraden grundsätzlich wichtige Vorbereitungen. Der Kreislauf wird angeregt; die Gelenke, Sehnen und Muskeln werden beweglicher, geschmeidiger und dehnfähiger gemacht.

Im Jazz Dance wird der Tänzer speziell ganz auf »Jazz« eingestimmt. Deshalb sollte jede Bewegung im Zusammenhang mit der Musik stehen.

Zum Grundschlag des Beat lassen sich gut die grobmotorischen Bewegungen ausführen. Das sind Ganzkörperbewegungen oder Bewegungen einzelner Muskelgruppen (aber noch keine Sprünge!), durch die der Körper besonders schnell warm wird.

Die dynamischen Wechsel des Offbeat lassen sich feinmotorisch z. B. mit den Schultern, den Händen, den Fußgelenken nachvollziehen und stimmen gefühlsmäßig auf die Rhythmik und Melodik des Jazz ein.

Durch die bewußte Verbindung dieser Bereiche werden die Sinne und die Konzentration geweckt. Durch Multiplikation der Bewegungsabläufe wird das Rhythmusgefühl verstärkt, der Puls beschleunigt, der Kraftaufwand gesteigert, und schwitzend beginnt man zu tanzen.

Die folgenden Übungen sind *stretches* (Dehnübungen), wie table top, pliés usw. Dazwischen befinden sich immer wieder Übungen, die zur psychischen und physischen Lockerung dienen und rhythmisch wie körpertechnisch die Zentrenisolation vorbereiten.

1) Rhythmische Einstimmung und leichte Stretches

Ausgangsposition:	1. Position, Hände ineinandergefaltet
1. Takt 1 – 4:	am Platz gehen, deutlich die Füße heben, side stretch nach rechts oben
2. Takt 1 – 2:	Wiederholung links
3. Takt 1 – 4:	Arme nach rechts unten und nach links unten (Multiplikation)
4. Takt 1 – 4:	Arme nach rechts unten und nach links unten

Übung mehrmals wiederholen.

1. Takt

→

3. Takt

**2) Verstärkung des Rhythmusgefühls und Aufwärmen der
Beinmuskulatur**

Ausgangsposition: 1. Position, Arme in 2. Position (Abb.
S. 88)

1. Takt 1 – 4: 1 knee raise rechts
2 knee raise links
3 knee raise rechts
4 Pause, nur Fuß flex und stretch

2. Takt 1 – 4: Wiederholung

Übung etwa 8mal wiederholen und dann multiplizierte Bewegung im doppelten Tempo.

$\longrightarrow$

Ausgangsposition

1 Knee raise rechts

3) Stretch und Rhythmuswechsel, geführte ruhige Bewegungen

Ausgangsposition: 2. Position demi plié, jazz hands in
                   2. Position

1. Takt 1 – 4:   Knie strecken, rechte Hand einstützen, side stretch nach rechts
2. Takt 1 – 4:   wieder zurück in Ausgangsposition
3. Takt 1 – 4:   wie in 1. Takt, aber side stretch nach links
4. Takt 1 – 4:   wieder zurück in die Ausgangsposition
5. Takt 1 – 4:   grande plié, Oberkörper nach vorne abrollen, Fußgelenke anfassen
6. Takt 1 – 4:   Knie strecken, Fußgelenke festhalten
7. Takt 1 – 4:   Knie wieder beugen
8. Takt 1 – 4:   Oberkörper aufrichten, zurück in die Ausgangsposition

Übung nach links, rechts, links wiederholen.

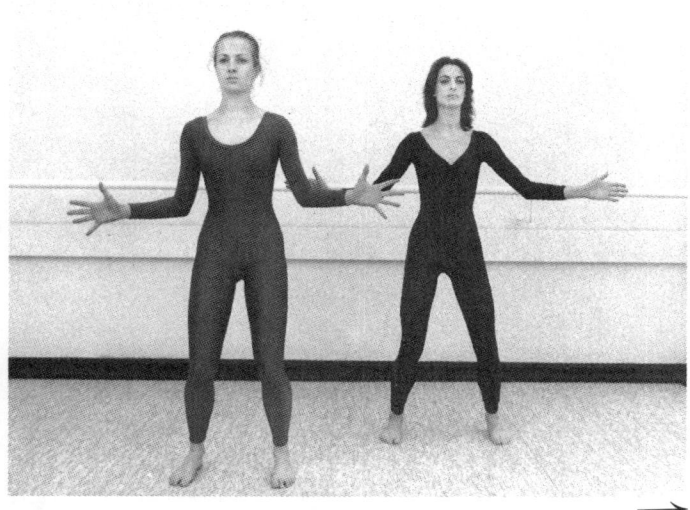

Ausgangsposition: 2. Position demi plié, jazz hands in 2. Position

1. Takt

6. Takt

4) Collapse, Spannung und Entspannung

Ausgangsposition: 1. Position, Arme hoch, den ganzen Körper sehr angespannt

1. Takt 1 – 4: mit stark angespanntem Körper 4 steps
vorwärts gehen

2. Takt 1 – 4: collapse, Körperteile nacheinander entspannen, die Jazzhaltung fühlen, die Fer-
sen auf dem Boden lassen

3. Takt 1 – 4: wie 1. Takt, aber 4 steps rückwärts gehen

4. Takt 1 – 4: wie 2. Takt

Durch diese Übung wird deutlich, daß die Collapse-Haltung
zwar für den Europäer ungewöhnlich, aber durchaus natürlich
ist. Das *plié*, die Beugung, ist im Tanz die wichtigste Bewegung
überhaupt. Sie macht die Bewegungsabläufe tänzerisch, indem sie die Übergänge, den Bewegungsfluß, herstellt.

Körpertechnisch hat die Kniebeuge auch eine sehr wichtige
»Stoßdämpfer«-Funktion, besonders bei Sprüngen. Die Flexibilität von Armen und Beinen macht Jazzbewegungen über-

91

haupt erst möglich. Es ist sozusagen wie beim Schlagzeuger, der mit steifen Armen und Beinen keine swingenden Rhythmen spielen könnte.

5) Vorbereitung von Oppositionsbewegungen durch Armschwünge und Fußakzente

Ausgangsposition:	1. Position, collapse
1. Takt 1 und:	step nach rechtes auf rechtes Bein, linken Fuß anstellen (Anstellschritt), gleichzeitig Arme zur Seite schwingen
2 und:	step nach links auf linkes Bein, rechten Fuß anstellen (Anstellschritt), gleichzeitig Arme nach innen vor den Körper schwingen
3 und 4:	Wechselschritt nach rechts auf rechtes Bein, gleichzeitig schwungvollen Armkreis über außen nach außen
2. Takt:	die Übung nach links wiederholen, die Armschwünge beginnen und enden innen

Bei dieser Übung haben die Arme eine andere rhythmische Dynamik als die Beine. Die Konzentration auf den Rhythmus wird verstärkt, gleichzeitig werden durch die Schwünge die Schulterpartien gelockert.

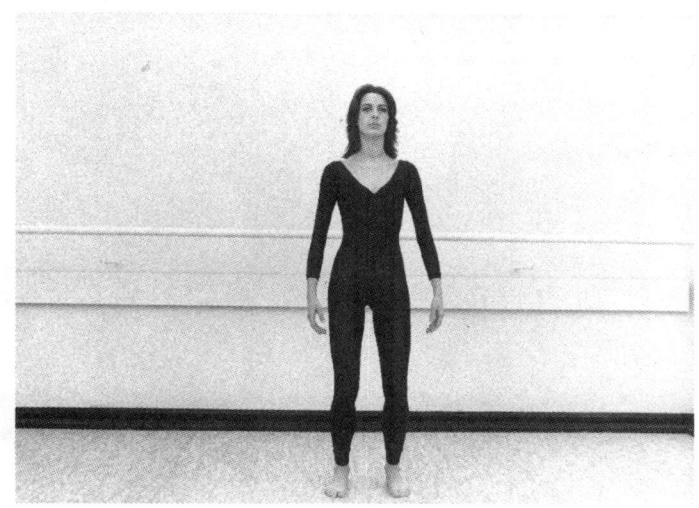

Ausgangsposition

1. Takt – 1 und

→

93

1. Takt – 2 und

1. Takt 3 und 4

94

6) Lockerung und Konzentration in Form einer rhythmischen Übung

Ausgangsposition: 1. Position, collapse, Arme in 2. Position, rechts jazz hand, linke Hand entspannt

1. Takt 1 – 4: im Beatrhythmus am Platz gehen, rechte Hand angespannt halten, linke Hand locker schütteln

2. Takt 1 – 4: weiter im Beatrhythmus gehen, linke Hand anspannen, rechte Hand schütteln

7) Rhythmik und Opposition

Bei dieser Übung machen die Schultern etwas anderes als die Füße.

Ausgangsposition: 1. Position, collapse

1. Takt 1: Anstellschritt nach rechts, gleichzeitig linke Schulter vorwärts

    2: Anstellschritt nach links, gleichzeitig linke Schulter bleibt

    3: Anstellschritt nach rechts, gleichzeitig linke Schulter bleibt

    4: Anstellschritt nach links, gleichzeitig linke Schulter bleibt, also 3 Zt. Bewegungspause

2. Takt 1: Anstellschritt nach rechts, gleichzeitig rechte Schulter vorwärts

    2: Anstellschritt nach links, gleichzeitig linke Schulter vorwärts

    3 und 4: Anstellschritt rechts und links und 2 Zt. Bewegungspause für Schulter

3. Takt 1: Anstellschritt nach rechts, gleichzeitig rechte Schulter vorwärts

    2: Anstellschritt nach links, gleichzeitig linke Schulter vorwärts

    3: Anstellschritt nach rechts, gleichzeitig rechte Schulter vorwärts

    4: Anstellschritt nach links, gleichzeitig Bewegungspause für rechte Schulter

4. Takt 1 – 4:   die Anstellschritte gehen weiter, die
                   Schulter hat eine Bewegungspause, der
                   »freie« Arm kann z. B. in dieser Zeit eine
                   Improvisation machen

1. Takt 1

2. Takt 1

4. Takt

8) Stretch und Bend

Dehn- und Kräftigungsübungen:

Ausgangsposition: 2. Position, collapse

1. Takt 1:	rechter Arm hoch, rechtes Bein strecken
2:	linker Arm hoch, linkes Bein strecken
3:	relevé
4:	Ferse absetzen und table top
2. Takt 1 und 2:	mit den Händen vorwärtskrabbeln und Liegestütz
3:	Gesäß nochmals heben
4:	wieder Liegestütz
3. Takt 1 und 2:	auf allen Vieren »Krebsgang« seitwärts nach rechts
3 und 4:	auf allen Vieren »Krebsgang« seitwärts nach links
4. Takt 1 – 4:	aus dem Liegestütz mit den Händen zurückkrabbeln und sich entspannt wieder in die Ausgangsposition begeben

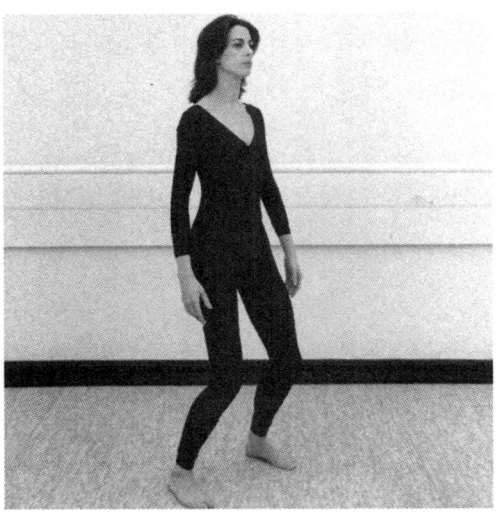

Ausgangsposition

1. Takt 1   *1. Takt 2*

→

1. Takt 4

2. Takt 1

100

2. Takt 2

2. Takt 3

101

Spezielle Stretch- und Bendübungen für Rückenmuskulatur,
Beinmuskulatur und Füße:

Ausgangsposition: 2. Position, collapse

1. Takt 1 – 4: Oberkörper bend vorwärts, Arme seitwärts

2. Takt 1 und 2: in dieser tiefen Haltung 2 steps vorwärts
und dabei die Füße gut abrollen

       3 und 4: den Rücken rund machen und 2 steps wei-
ter vorwärts gehen

3. Takt 1 – 4: Wiederholung des 2. Taktes

4. Takt 1 – 4: Oberkörper entspannt aufrichten in die
Ausgangsposition

5. – 8. Takt: wiederholen und dabei rückwärts gehen

1. Takt 1–4

2. Takt 1 und 2

2. Takt 3 und 4

9) Stretch und Kräftigung für alle Muskeln vom Hals bis zu den Füßen

Ausgangsposition: 2. Position, collapse

1. Takt 1 und 2: tiefer Ausfall nach rechts auf rechtes Bein, linke Hand am Boden, rechte Hand hoch

3 und 4: federn, stretching

2. Takt 1 und 2: beide Beine rückwärts, beide Hände am Boden

3 und 4: federn, stretching

3. Takt 1 und 2: linkes Bein vorne, rechte Hand am Boden, linke Hand hoch

3 und 4: stretching

4. Takt 1 und 2: beide Beine strecken, sich in die 2. Position bringen, Oberkörper ist tief, und in die 5. Raumrichtung

3 und 4: stretching

5. Takt 1 und 2: Ausfall auf rechtes Bein in die 7. Raumrichtung, linke Hand am Boden, rechte Hand hoch

3 und 4: stretching

6. Takt 1 und 2: beide Beine rückwärts, beide Hände am Boden

3 und 4: stretching

7. Takt 1 und 2: linkes Bein vorne, rechte Hand am Boden, linke Hand hoch

3 und 4: stretching

8. Takt 1 und 2: beide Beine in 2. Position strecken, Oberkörper tief in 1. Raumrichtung

3 und 4: stretching

9. – 12. Takt: Wirbelsäule langsam aufrichten und Balance im Ballstand, Arme in 2. Position

Wiederholung andere Seite.

1. Takt 1–4

2. Takt 1–4

→

105

3. Takt 1–4

4. Takt 1–4

106

5. Takt 1–4

6. Takt 1–4 →

7. Takt 1–4

8. Takt 1 und 2

10) Bounce

Diese Übung ist ein Wechsel von Dehnung und Lockerung. Durch Berührung werden die Gelenke bewußt gemacht. Wenn die Übung multipliziert wird, wird darüber hinaus der Kreislauf stark angeregt.

Ausgangsposition: 2. Position, collapse

1. Takt 1 – 4:   bounce, Fußgelenke anfassen
2. Takt 1 – 4:   bounce, Kniegelenke anfassen
3. Takt 1 – 4:   bounce, Hüfte anfassen
4. Takt 1 – 4:   bounce, Schultern mit den Fingerspitzen fühlen
5. Takt 1 – 4:   bounce, Arme hochstrecken
6. Takt 1–2–3:   bounce, Arme bleiben oben
    und 4:   Arme schnell beugen und wieder strecken

Übung in der 1. Position wiederholen.

Bei Multiplikation Haltungswechsel auf 1 oder 3 oder auf jeder ¼-Note.

1. Takt

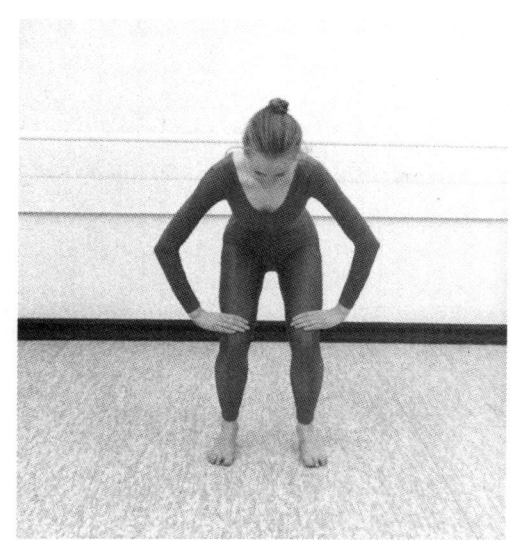

2. Takt

3. Takt

110

4. Takt

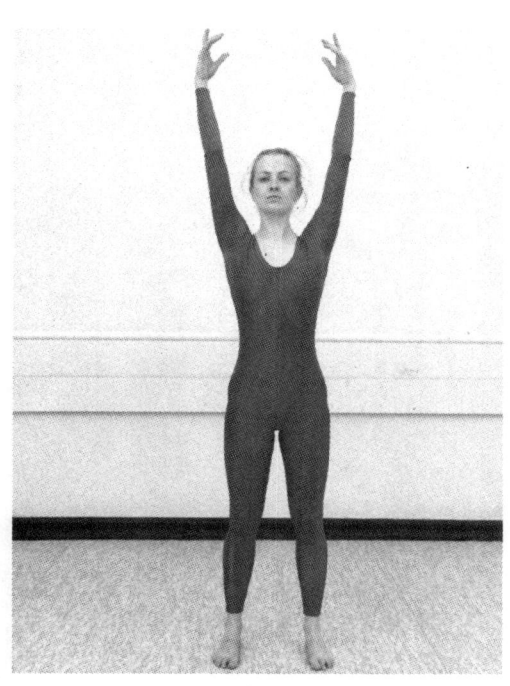

5. Takt

111

11. Plié

Hier zunächst 2 Vorschläge, wie Sie allein oder mit einem Partner die Haltung beim plié besser kontrollieren können:
Stellen Sie sich in 10 cm Abstand mit dem Rücken an eine Wand oder Rücken an Rücken mit einem Partner in die 1. Position t-in. Die Arme in die 2. Position für eine bessere Balance. Machen Sie langsam grand plié, ohne die Wand oder den Partner zu berühren.
Beim plié sind die Schwerpunkte Dehnung und Balance. Sie plazieren und beruhigen den Körper, bevor die Isolationsübungen beginnen. Für Anfänger werden hier nur Übungen in der 1. und 2. Position gemacht.

Ausgangsposition   *plié falsch*

Ausgangsposition: 1. Position t-out, gestreckt, Arme unten
1. Takt 1 – 4: grand plié und wieder strecken und dabei einen Armkreis über außen nach unten
2. Takt 1 – 2: 1. Position t-in, demi plié, Oberkörper bend, Hände fassen über Kreuz die Fußgelenke
 3 – 4: Knie strecken
3. Takt 1 – 2: Knie wieder beugen
 3 – 4: Knie strecken
4. Takt 1 – 2: die Fußgelenke loslassen, table top
 3 – 4: Oberkörper und Arme bounce und Wirbelsäule aufrichten

Wiederholung in der 2. Position und darauf achten, daß beim grand plié die Fersen auf dem Boden bleiben.

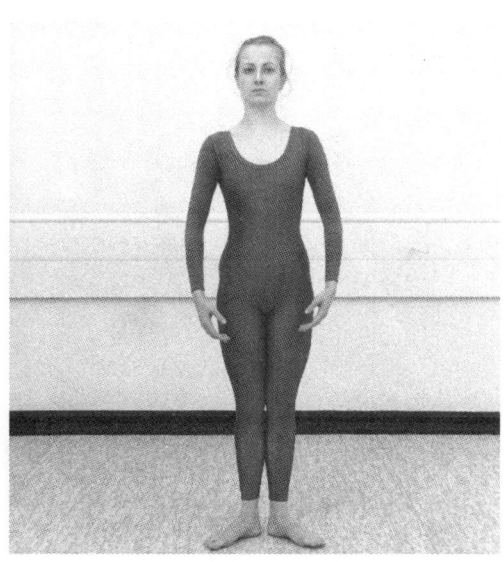

1. Position grand plié und wieder strecken und dabei einen Armkreis über außen nach unten $\longrightarrow$

1. Takt 1

1. Takt 2

116

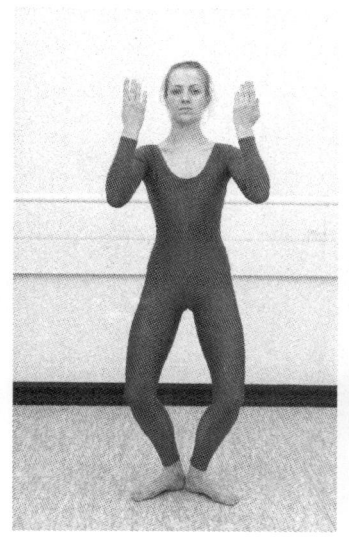
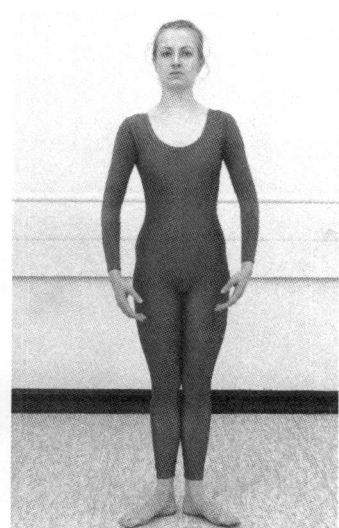

1. Takt 3

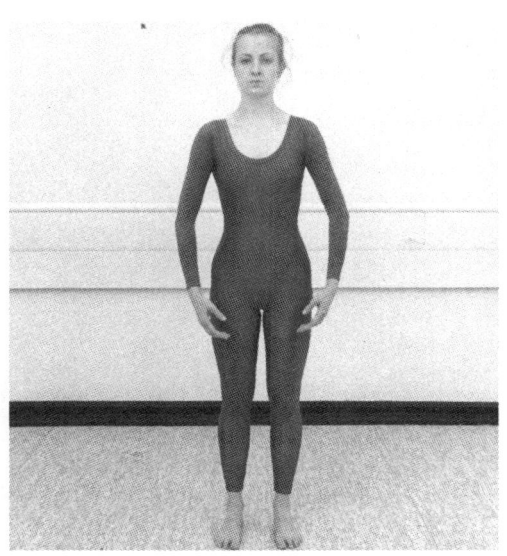

2. Takt

$\longrightarrow$

2. Takt 1–2

2. Takt 3–4

118

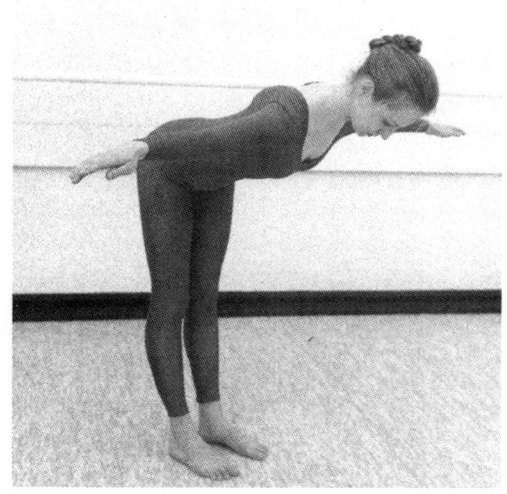

4. Takt table top

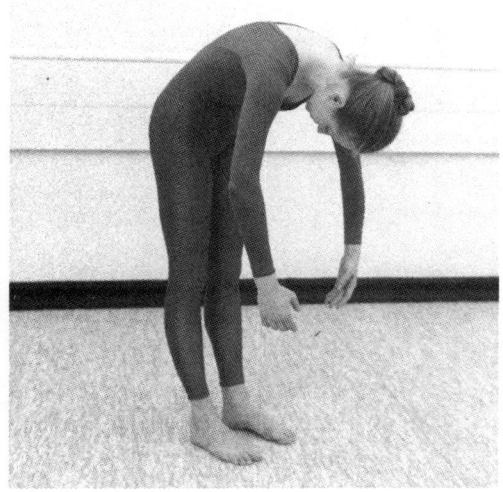

4. Takt 3–4

Isolation, Opposition, Kombination, Koordination der Zentren und Areas

Begriffe

Zentren	Bezeichnung für wichtige Körperpartien bei Jazz-Dance-Bewegungen
Areas	kleinerer Bewegungsabschnitt innerhalb eines Zentrums
backwards	rückwärts
contraction	Verkleinerung eines Zentrums durch Anspannung und Zusammenziehen eines Muskels oder mehrerer Muskelgruppen
forward	vorwärts
Kombination	binnenkörperliche oder/und räumliche Bewegungsfolge
Koordination	Summe der Isolation und Polyzentrik: Gleichzeitigkeit von verschiedenen Kombinationen
Isolation	räumlich und rhythmisch isolierte Bewegung eines Zentrums oder einer Area
lift	erheben
Opposition	verschiedene Bewegungen von Zentren oder Areas in verschiedene Richtungen, z. B. gegengleiche Bewegungen beim Gehen
Parallelismus	verschiedene Bewegungen von Zentren oder Areas in die gleiche Richtung, z. B. Paßgang (wenn man gleichzeitig einen Schritt auf das rechte Bein macht und den rechten Arm vorwärts bewegt; oder linkes Bein/linker Arm)

Polyzentrik	mehrere Zentren bewegen sich gleichzeitig
release	Vergrößerung eines Zentrums durch Entspannung und Ausdehnung eines Muskels oder mehrerer Muskelgruppen
ripple	fortlaufende contraction- und release-Bewegung von Brustkorb und Becken; besonders stark beteiligt sind dabei die Bauchmuskeln und die Muskeln im Lendenwirbelbereich
shake	schütteln
sidewards	seitwärts
square	Viereck
sundari	Seitwärtsverschiebung des Kopfes; ein Bewegungsmotiv aus dem orientalischen Tanz
twist	Drehung von Zentren gegeneinander
wrist	Handgelenk
wrist turn	Handgelenkdrehung

Zentrum = Bezeichnung für wichtige Körperpartie bei Jazz Dance-Bewegungen
Area = Kleinerer Bewegungsabschitt innerhalb eines Zentrums

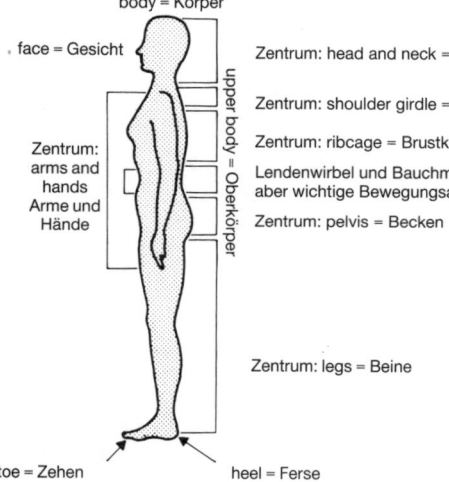

body = Körper

face = Gesicht

Zentrum: head and neck = Kopf und Hals

upper body = Oberkörper

Zentrum: shoulder girdle = Schultergürtel

Zentrum: ribcage = Brustkorb

Zentrum: arms and hands Arme und Hände

Lendenwirbel und Bauchmuskeln sind kein Zentrum für sich, aber wichtige Bewegungsabschnitte für contraction und release

Zentrum: pelvis = Becken

Zentrum: legs = Beine

toe = Zehen   heel = Ferse
(Beispiel für areas)

121

Im 1. Trainingsabschnitt »Warm ups« wurden durchaus schon jazz-typische Isolations- und Oppositionsbewegungen gemacht. Doch lag hierbei die Bewußtseinsorientierung auf der Erwärmung des Körpers.

Das Ziel des folgenden Abschnitts ist – der Körper wird dabei natürlich weiter erwärmt – Differenzierung und Bewußtsein durch binnenkörperliche Bewegung (non-locomotor). Der Körperausdruck ergibt sich dabei aus dem Verhältnis der isolierten Bewegungen zueinander, durch die Abhängigkeit von der Musik und durch das »Wie« der Bewegungsausführung.

Im folgenden werden die Bewegungsmöglichkeiten der Zentren (siehe Schaubild) dargestellt und einige Übungsbeispiele gezeigt, mit deren Hilfe man ein Gefühl für die einzelnen Isolationen bekommen kann.

head and neck	neigen, sundari (Kopf verschieben), drehen
shoulder girdle	heben, senken, vorwärtsschieben, zurückziehen, twist, shake
ribcage	heben, senken, neigen, verschieben
upper body	beugen, twist
pelvis	beugen, verschieben, heben/senken, shake, twist
arms and hands	beugen, strecken, heben, senken, drehen, twist
legs	heben, senken, beugen, strecken, drehen

head and neck

shoulder girdle

$\longrightarrow$

123

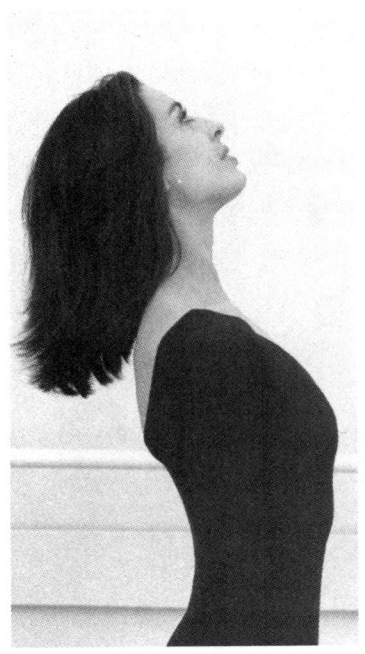

ribcage: heben

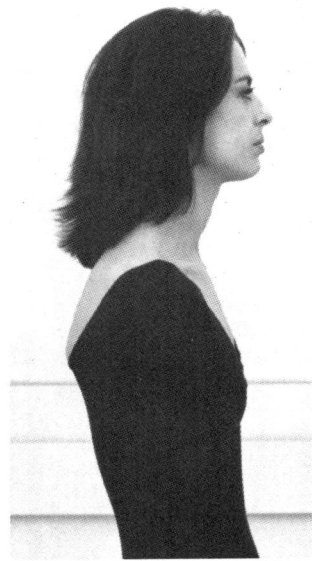

ribcage: senken

ribcage: neigen

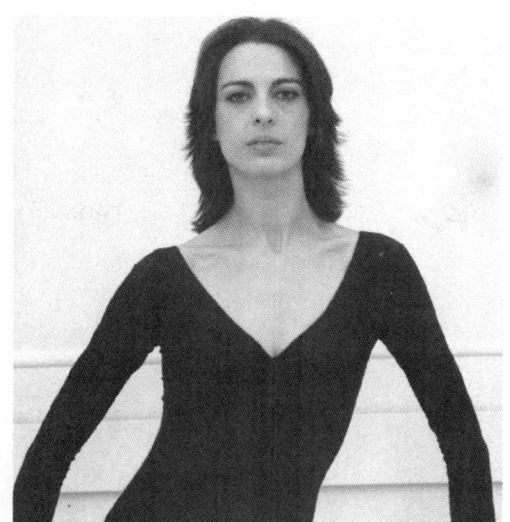

ribcage: verschieben

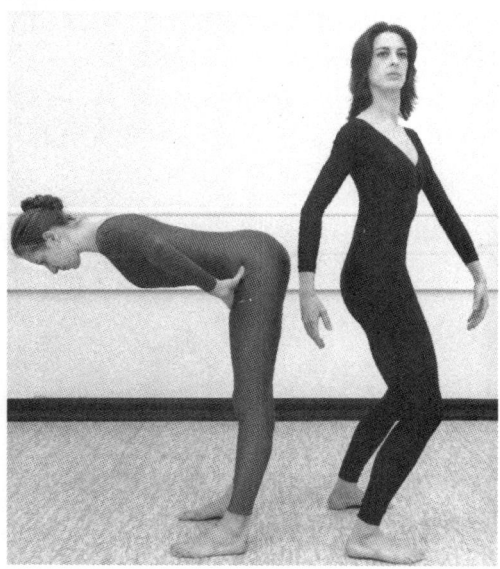

upper body: beugen, twist

⟶

125

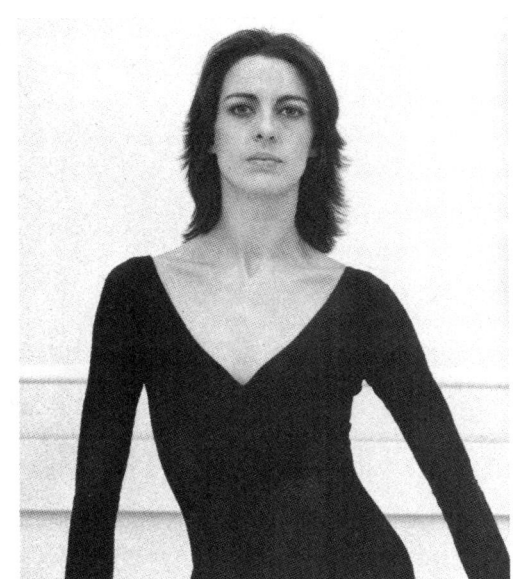

pelvis

arms and hands

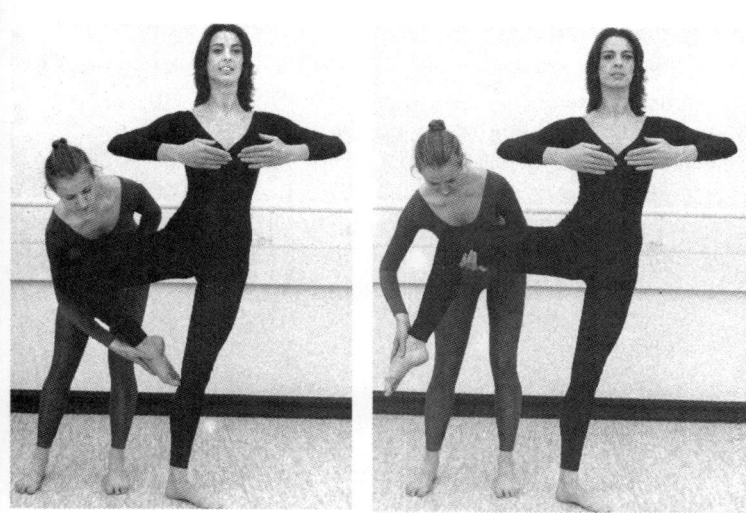

legs

127

Bei dieser Auflistung ergeben sich zahlreiche Möglichkeiten, die Bewegungsfähigkeit der einzelnen Körperteile (Zentren) auszuprobieren, z. B.:

- einzeln nacheinander (Monozentrik)
- zwei gleichzeitig (Bizentrik)
- drei gleichzeitig (Trizentrik)
- mehrere oder alle gleichzeitig (Polyzentrik) im gleichen oder unterschiedlichen Rhythmus
- ein Zentrum binnenkörperlich in die verschiedenen Richtungen
- zwei oder mehrere Zentren parallel in dieselbe Richtung (Parallelismus)
- zwei oder mehrere Zentren in verschiedene Raumrichtungen (Opposition): vorwärts, rückwärts, seitwärts, hoch, tief, cross, carré, diagonal, circle, eight, dabei immer wieder zurück in die Ausgangsposition.

1) Zentrenisolation liegend

Auf dem Rücken liegen und vom Kopf bis zu den Beinen jedes Zentrum dabei heben und senken:

1. Takt 1–4:   Kopf heben
2. Takt 1–4:   Kopf halten
3. Takt 1–4:   Kopf senken
4. Takt 1–4:   Ruhepause
5.–8. Takt: wie 1–4 mit Schultern (Hände auf dem Boden lassen)
9.–12. Takt: Brustkorb
13.–16. Takt: Becken
17.–20. Takt: rechter Arm, rechtes Bein
21.–24. Takt: linker Arm, linkes Bein
25.–30. Takt: rechter Arm, linkes Bein
31.–34. Takt: linker Arm, rechtes Bein
35.–40. Takt: beide Arme und Beine (10 cm vom Boden)

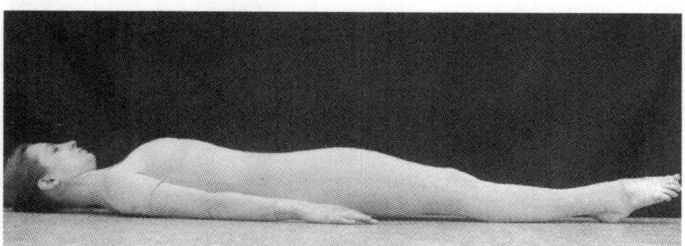

Ausgangsposition

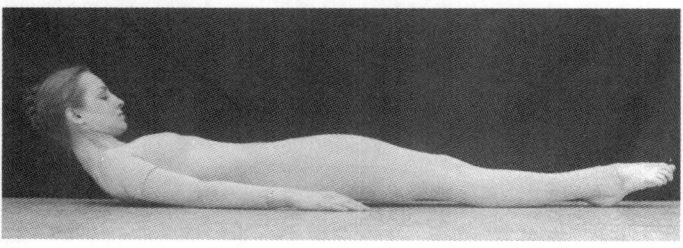

1.–2. Takt Kopf heben und senken $\longrightarrow$

129

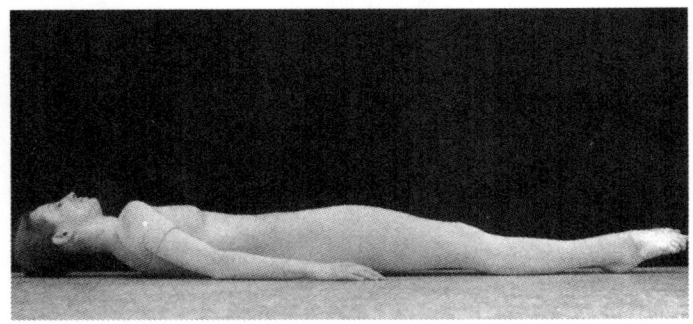

5.–8. Takt Schultern heben und senken

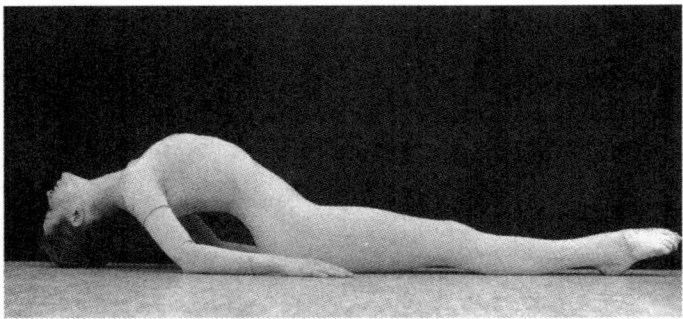

9.–12. Takt Brustkorb heben und senken

13.–16. Takt Becken heben und senken

130

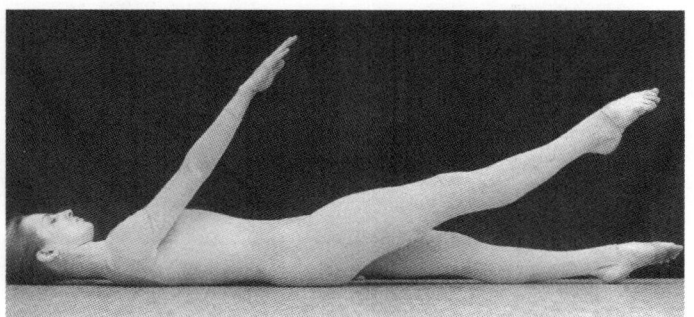

17.–20. Takt

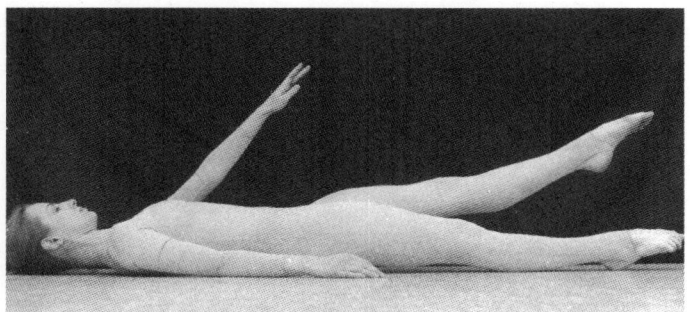

21.–24. Takt

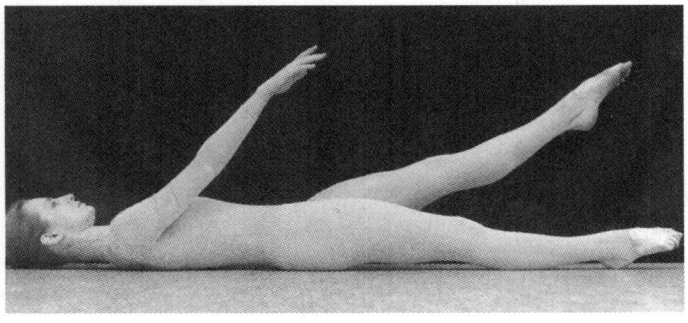

25.–30. Takt $\longrightarrow$

131

31.–34. Takt

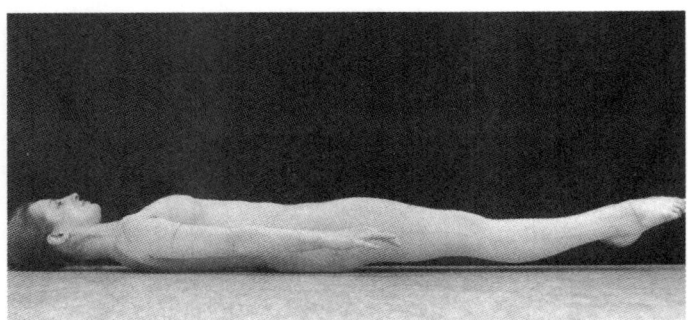

35.–40. Takt

2) Zentrenisolation liegend mit Partnerhilfe

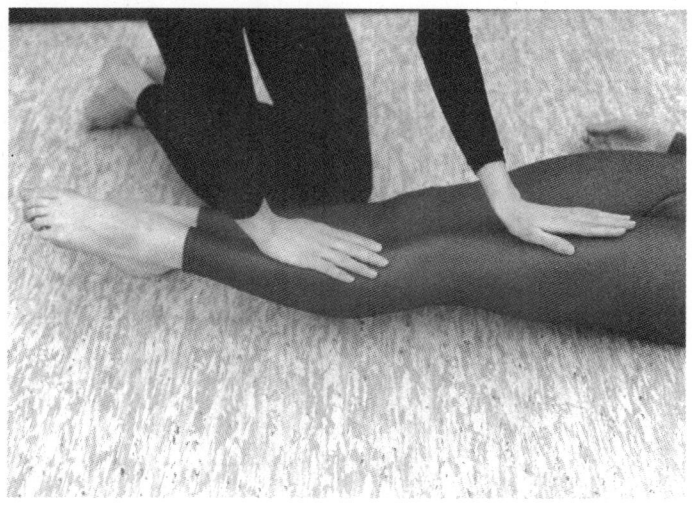

- Der Partner berührt eine Körperstelle kurz und mit leichtem Druck, der Liegende bewegt dieses stimulierte Zentrum.
- Der Partner drückt ein Zentrum fest gegen den Boden, der Liegende versucht, dieses Zentrum zu heben.
- Der Partner hebt ein Zentrum, der Liegende versucht, dieses Zentrum am Boden zu halten, zurückzuziehen.
- Der Liegende versucht, sich ganz zu entspannen, der Partner bewegt einzelne entspannte Gliedmaßen nacheinander.

Der Liegende kann bei dieser Übung die Augen geschlossen halten, um sich besser auf seinen Körper konzentrieren zu können.

Diese Übung kann nach der Rückenlage auch in der Bauchlage versucht werden.

3) Zentrenisolation sitzend

● Zieh- und Drückbewegungen der Arme und Beine,
    einzeln nacheinander
    gleichzeitig
    mit Partner
● Becken heben und senken
    mit Stützhilfe der Arme und Beine
    ohne Stützhilfe der Arme und Beine

$\longrightarrow$

● Oberkörper neigen, drehen, verschieben in 1., 2. und 4. Position

1. Position

2. Position

4. Position

137

4) Zentrenisolation stehend

Von Kopf bis Fuß, vor dem Spiegel oder vor einem Partner, alle Zentren und areas zur Musik bewegen. Der Partner kann die Übungen spiegelgleich mitmachen oder, zur Körperkontrolle, die Zentren, die bewegt oder nicht bewegt werden sollen, festhalten.

5) Kontrollübungen

- Legen Sie sich ein Buch auf den Kopf, und machen Sie verschiedene pelvis-Bewegungen. Das Buch darf nicht herunterfallen!

- table top mit Partner, contraction, release, plié und stretch (s. Fotos)

Ausgangsposition

table top mit Partner

contraction

$\longrightarrow$

139

release

plié

stretch

140

Ausgangsposition Arme hoch

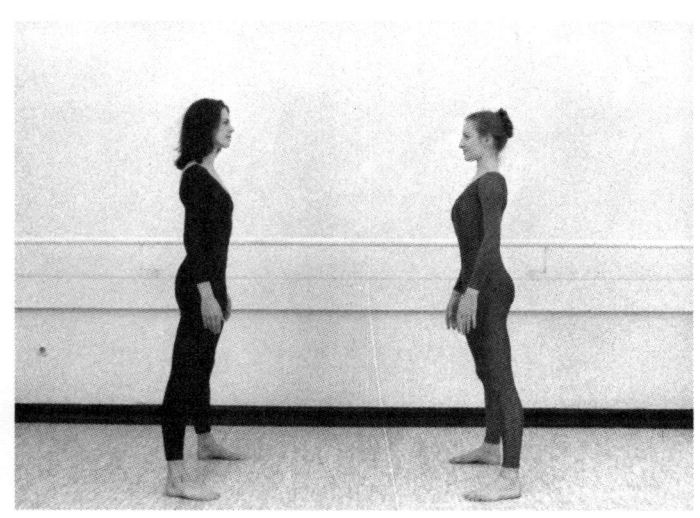

- Rücken an Rücken mit einem Partner (10 cm Abstand)
    demi plié
    grand plié
    Oberkörper rechts, vorwärts, links, Ausgangsposition
- Wiederholung in 2. Position

Oberkörper vorwärts

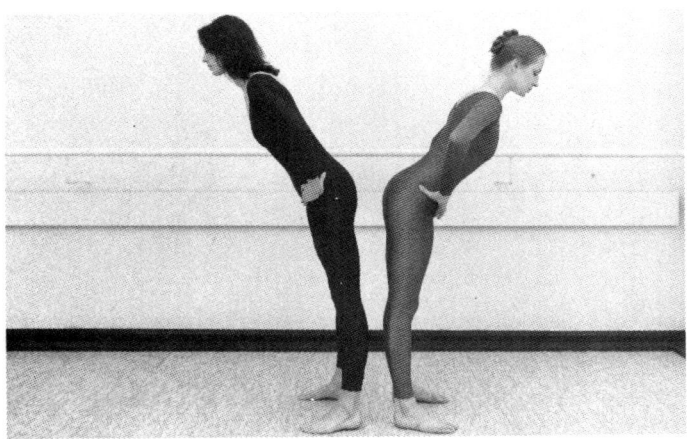

richtig

falsch   Die Partner dürfen sich nicht berühren!

6) Hilfen für Head-und-Neck-Isolationen

● Beide Handrücken wie ein Brett unter dem Kinn: Kopf
drehen, neigen

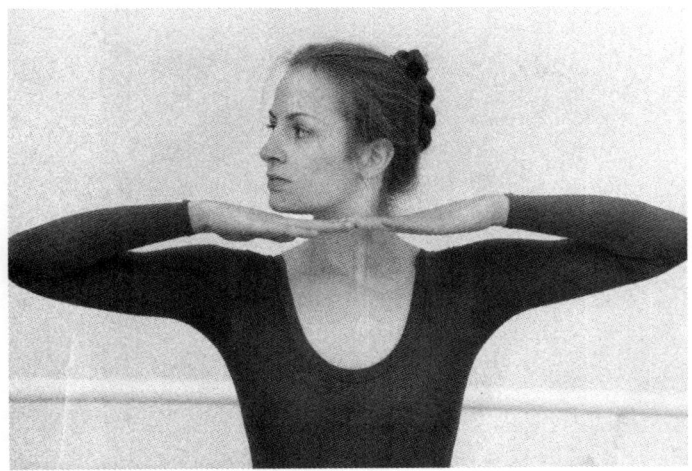

head-drehen

head-neigen

- Die Handflächen über dem Kopf und sundari vorwärts, rückwärts, seitwärts

- Die Handflächen 10 cm neben dem Kopf und sundari seitwärts.

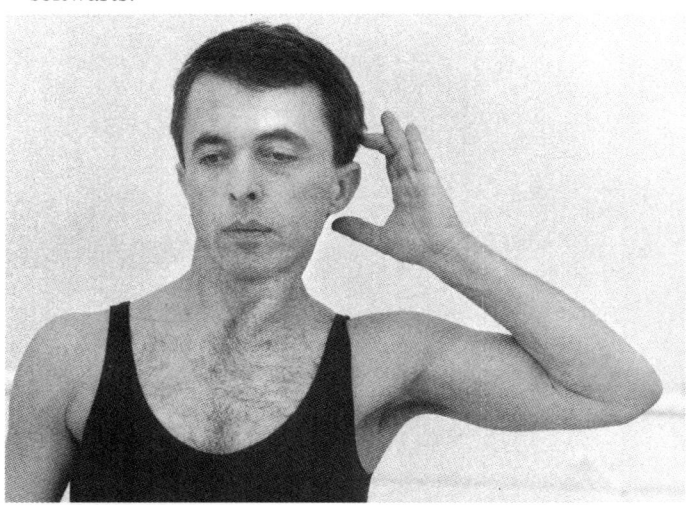

7) Contraction und release am Boden

AP = Ruhesitz

1. Takt 1 – 4:	In die AP
2. Takt 1 – 4:	Becken vorwärts heben, rückwärts bewegen (Hohlkreuz)
3. Takt 1 – 4:	Becken vorwärts bewegen (Bauch fest einziehen) und Kopf nach hinten neigen
4. Takt 1 – 4:	Arme und Beine etwas heben
5. Takt 1 – 4:	release in Rückenlage
6. Takt 1 – 4:	wieder contraction
7. Takt 1 – 4:	release zum Sitzen, Arme hoch
8. Takt 1 – 4:	Oberkörper vorwärts entspannen (ausatmen)

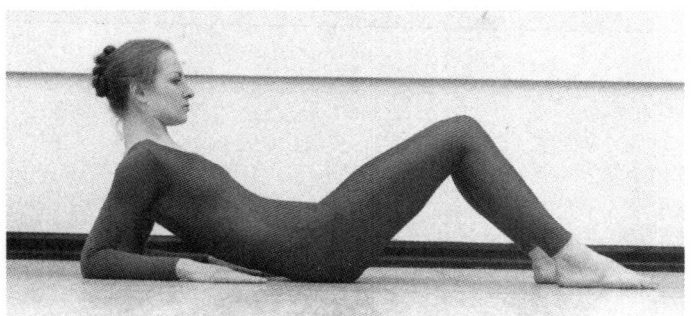

1. Takt

2. Takt vorwärts heben

$\longrightarrow$

2. Takt rückwärts bewegen (Hohlkreuz)

4. Takt Arme und Beine etwas heben

7. Takt release zum Sitzen

8. Takt Oberkörper vorwärts entspannen

Balance und Dehnung

Begriffe

arabesque	ein Bein rückwärts gehoben und gestreckt
attitude	angehobenes Bein, dabei gebeugte Beinhaltung vorwärts, seitwärts, rückwärts
battement tendu	Schleifbewegung des Fußes aus den geschlossenen Positionen: vorwärts, seitwärts, rückwärts
ballchange	Gewichtsverlagerung von einem Fußballen auf den anderen
ballstep	Schritt auf dem Ballen
développé	Ausstrecken des Beins aus der passé-Haltung und gestrecktes Schließen in die Ausgangsposition
en croix	kreuzen, gekreuzt; Bewegungsfolge des Spielbeins vorwärts, seitwärts, rückwärts, seitwärts oder rückwärts, seitwärts, vorwärts, rückwärts
em dedans	von hinten nach vorne oder Drehung auf einem Bein nach außen
en dehors	von vorne nach hinten oder Drehung auf einem Bein in den Körper
en l'air	in der Luft
flat step	Gewichtsübertragung von flachem Fuß zu flachem Fuß
flex, flexed	(Fuß) beugen, gebeugt
fondu	gleichzeitiges Beugen und Strecken von Standbein und Spielbein
grand battement	Hochwerfen und Schließen des gestreckten Beins
kick	Herauswerfen des Beins, erst des Oberschenkels, dann des Unterschenkels

layout	Herauslegen des Torso, so daß eine möglichst gerade Linie zwischen Bein, Becken, Oberkörper entsteht
Parallelposition	beide Füße parallel (Zehen vorwärts)
passé	gebeugte Bewegung von Bein und Fuß für Richtungswechsel des Beins. Spielbeinfuß schleift am Standbein hoch neben das Knie
petit battement	kleine, schnelle Bewegungen des Unterschenkels, weg vom Fußknöchel des Standbeins und wieder hin
point, pointed	(Fuß) strecken, gestreckt
relevé	Erhebung zum Ballenstand

Die folgenden Übungen dienen der Balance, der Dehnung und Kräftigung. Es sind hauptsächlich isolierte Beinbewegungen am Platz in der Collapse-Haltung, in gestreckter Haltung, im Ballenstand, in der Hocke.

Die isolierten Zentren werden durch die Konzentration auf die Balance gefühlsmäßig zwar wieder zur ganzkörperlichen Einheit, andererseits wird durch die langsamen Schwerpunktverlagerungen deutlich, welche Körperteile Stützfunktionen haben und welche sich weiterhin frei bewegen können.

Die ausgewählte Musik sollte langsam sein, Blues oder Ballade, damit die Bewegungen gedanklich präzise vorbereitet und durchgeführt werden können. Der Blues fördert die Standfestigkeit durch seine schweren, bodennahen Ausdruckselemente, während durch die dynamischen Wechsel des Offbeat weiterhin das Gefühl der Polyzentrik erhalten bleibt.

Die folgenden Übungen werden in Form von kleinen Kombinationen beschrieben. Der Aufbau folgt der anatomisch bewährten, traditionellen klassischen Methode:

> plié
> battement tendu
> rond de jambe

fondu
kick ballchange
développé
petit battement
grand battement

Jazz-typische Erweiterungen der Bewegungsskala sind:
parallel-position
turned in
turned out
layout
Übungen in der Hocke und im tiefen Ausfall-
schritt (als Vorbereitung für falls und levels)
Jede der folgenden Kombinationen soll Anreiz geben, selbst
ähnliche themenbezogene Kombinationen zu erfinden.

1) Blues-Improvisation

a) Seitliches Gehen am Platz mit Betonung des Bodenkon-
takts der Füße.
b) Zu diesem Gehen verschiedene Schwerpunktverlagerungen ausprobieren.
c) Zusätzliche Armbegleitungen, die z. B. der Melodie folgen.
d) Zusätzliche Offbeat-Akzente in Zentren oder areas.
e) Dynamische Wechsel einbauen, z. B. Balance auf einem
Bein, während sich der übrige Körper weiterbewegt.

2) Plié in 1. Position

1. Takt:	Ausgangsposition: 1. Position, Beine ge-streckt, t-out, Arme seitwärts, tief
1:	demi plié, vorwärts angewinkelt
2:	grande plié, Arme hochgestreckt
3:	demi plié, Arme seitwärts in 2. Position
4:	Beine gestreckt, Arme in Ausgangsposi-tion; also ein Armkreis von innen über außen in die Ausgangsposition

2. Takt:
    1:        demi plié, Arme seitwärts, 2. Position
    2:        grande plié, Arme hochgestreckt
    3:        demi plié, Arme vorwärts angewinkelt
    4:        Beine gestreckt, Arme in die Ausgangs-position mit der plié-Übung einen Armkreis über außen nach innen in die Ausgangsposition

3. Takt: 1. Position, t-in, Füße parallel, Arme in 2. Position, seitwärts
    1:        demi plié, Oberkörper bend vorwärts, Hände fassen über Kreuz die Fußgelenke
    2:        Knie strecken
    3:        Knie wieder beugen (demi plié)
    4:        Knie wieder strecken

4. Takt:
    1:        Arme schnell in 2. Position seitwärts, contraction
    2:        halten
    3:        release Oberkörper tief
    4:        Oberkörper aufrichten, kurze Balance im ballstand, Arme in 2. Position

3) Plié in 2. Position

Ausgangsposition: 2. Position, t-out, jazz hands in 2. Armposition

1. Takt 1 und 2:   grand plié (Fersen bleiben auf dem Boden), Arme in 1. Position
    3 und 4:   side stretch rechts, Beine gestreckt, Arme diagonal gestreckt

2. Takt 1 und 2:   grand plié, Arme in 1. Position
    3 und 4:   side stretch links

3. Takt 1 und 2:   grand plié, Arme 1. Position
    3 und 4:   table top, Füße t-in in 2. Position parallel

4. Takt 1 und 2:   relevé, Fersen wieder ab
    3 und 4:   Oberkörper release und aufrichten, Knie dabei beugen und strecken

4) **Battement tendu**

Aus der 1. Position rechtes Bein und linkes Bein abwechselnd en croix:

A: mit gestreckten Beinen: zuerst parallel, dann t-out

B: in Collapse-Haltung: zuerst parallel, dann t-out

C: dann gestreckt, t-in, parallele Fußposition mit flex und point

D: dann gebeugt, t-in, parallele Fußposition mit flex und point

E: dann gestreckt, t-out, Fußposition mit flex und point

Die Arme haben dabei vielfältige Begleitmöglichkeiten, z. B.

– gegengleich zum Spielbein

– Armkreise wie beim plié 1. Position

– Armkreise gegeneinander: rechter Arm über innen und außen, linker Arm gleichzeitig über außen nach innen in die tiefe Ausgangsposition.

5) **Fondu und rond de jambe**

Ausgangsposition:	1. Position, parallel gestreckt, Arme 2. Position seitwärts
1. Takt 1 – 2:	fondu vorwärts, Arme beugen und strecken
3 – 4:	rond de jambe von vorne zur Seite
2. Takt 1 – 2:	fondu seitwärts, Arme beugen und strecken
3 – 4:	rond de jambe von der Seite zur arabesque
3. Takt 1 – 4:	fondu mit contraction und release zu layout vorwärts
4. Takt 1 – 4:	zurück in die Ausgangsposition, Arme vor dem Körper heben zur 5. Position

Wiederholung mit linkem Bein.

1. Takt fondu vorwärts bewegen

1. Takt fondu vorwärts strecken

$\longrightarrow$

153

1. Takt 3–4 rond de jambe von vorne zur Seite

2. Takt arabesque

154

3. Takt contraction

3. Takt layout

$\longrightarrow$

4. Takt zurück ins passé, Arme s. Position

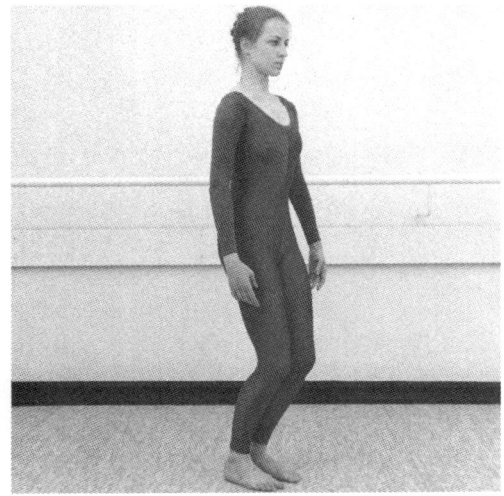

4. Takt über demi plié in gestreckte 1. Position

6) Kick und Ballchange

Ausgangsposition: 1. Position, collapse, Blickrichtung 8. Raumrichtung

1. Takt:

1:	kick mit rechtem Bein vorwärts
und:	rechten Ballen hinten absetzen, Gewicht kurz nach hinten verlagern (ballstep)
2:	step auf linken Fuß (flat step) vorwärts
3:	kick seitwärts mit rechtem Bein
und:	ballstep rückwärts
4:	flat step linker Fuß vorwärts

2. Takt:

1:	kick mit rechtem Bein rückwärts
2:	halten
3:	flat step auf rechtem Fuß in 2. Blickrichtung
und:	ballstep linker Fuß rückwärts
4:	flat step rechter Fuß vorwärts

Wiederholung mit linkem Bein kick, Beginn in die 3. Richtung und wieder in 8. Richtung enden. Möglichst schnell und möglichst oft.

1. Takt passé $\longrightarrow$

157

1. Takt Kick

1. Takt ballstep 1. Phase: Ballen aufsetzen

1. Takt ballstep 2. Phase: Gewichtsverlagerung

1. takt flat step vorwärts

7) Développé

Ausgangsposition:	1. Position, Arme Ausgangsposition
1. Takt 1–4:	rechtes Bein über passé développé t-in parallel vorwärts, Arme über 1. Position in 2. Position
2. Takt 1–2:	rechter Fuß flex und Spielbein heben
3–4:	rechter Fuß stretch, point, zurück in Ausgangsposition
3. Takt 1–4:	rechtes Bein über passé t-out développé zur Seite, Arme wie 1. Takt
4. Takt 1–2:	rechter Fuß flex und Bein heben
3–4:	rechter Fuß stretch, point, zurück in Ausgangsposition
5. Takt 1–4:	rechtes Bein über passé t-in parallel in arabesque, Arme über 1. Position vorwärts, Handflächen nach oben, so als würde man ein Tablett mit kostbaren Gläsern tragen.
6. Takt 1–4:	Standbein beugen, Spielbein heben
7. Takt 1–4:	über passé zurück in die 1. Position, Ausgangsposition
8. Takt 1–2:	relevé, Arme hoch
3–4:	collapse bis in die Hocke und mit Hochrollen der Wirbelsäule aufrichten

Wiederholung links.

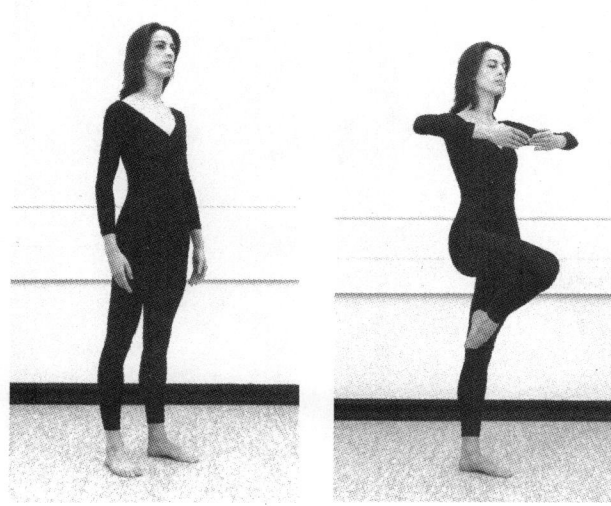

Ausgangsposition   *1. Takt: passé*

1. Takt: développé tin parallel vorwärts $\longrightarrow$

2. Takt: rechter Fuß flex und Spielbein heben

2. Takt: rechter Fuß stretch

162

3. Takt: passé

3. Takt: passé t-out

3. Takt: développé zur Seite

→

4. Takt: rechter Fuß flex

4. Takt: Bein heben

4. Takt: stretch, point

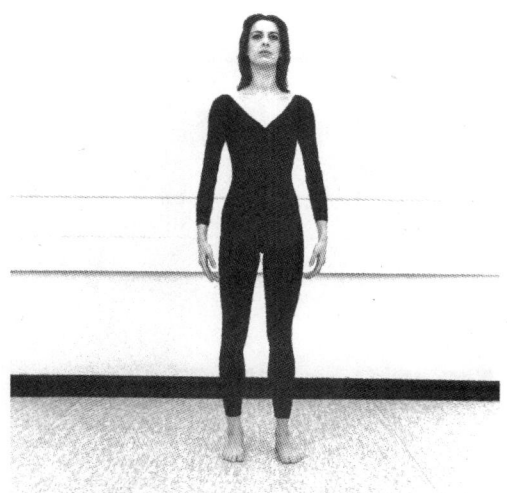

4. Takt: Ausgangsposition

$\longrightarrow$

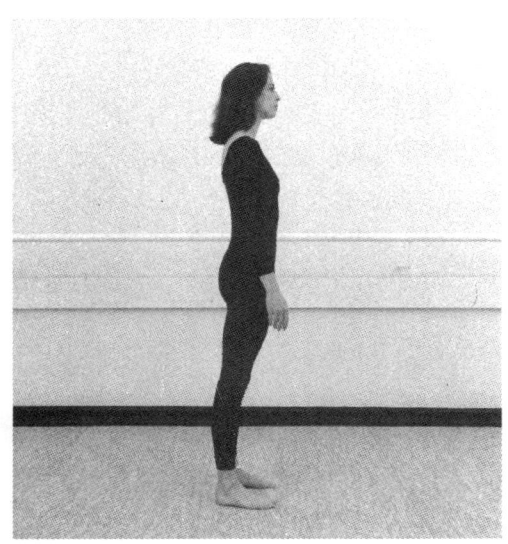

Ausgangsposition profil

5. Takt: passé

5. Takt: arabesqué

6. Takt: Standbein beugen

$\longrightarrow$

7. Takt: passé

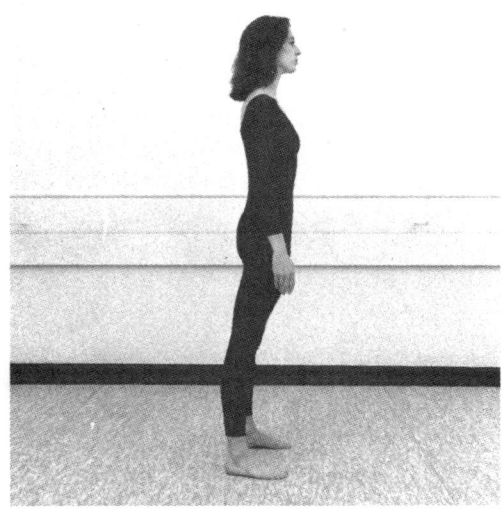

7. Takt: Ausgangsposition

8. Takt: relevé

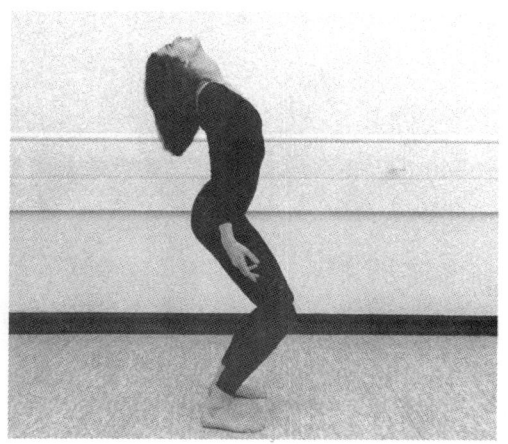

8. Takt: collapse

⟶

8. Takt: Hocke

8. Takt: Hochrollen der Wirbelsäule

8. Takt

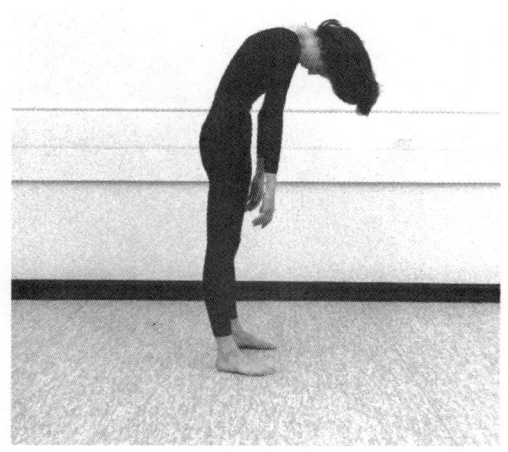

8. Takt

171

8) Petit battement und grand battement

Ausgangsposition: 1. Position, t-out, Arme 2. Position
1. Takt 1–4:   petit battement, mit rechtem Unterschen-
                 kel kleine schnelle Bewegungen am
                 Standbein rück-vor

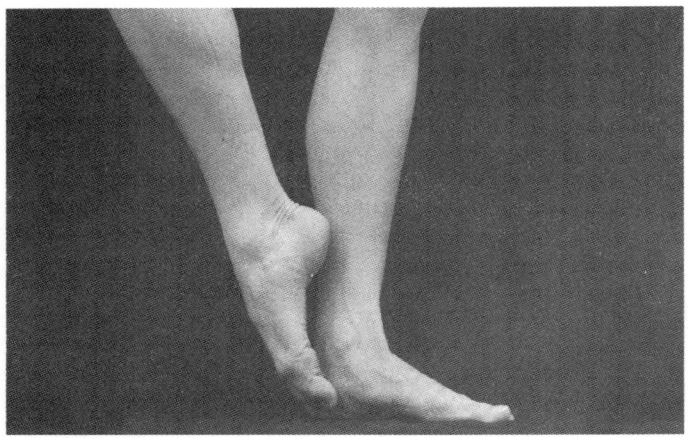

petit battement vorne

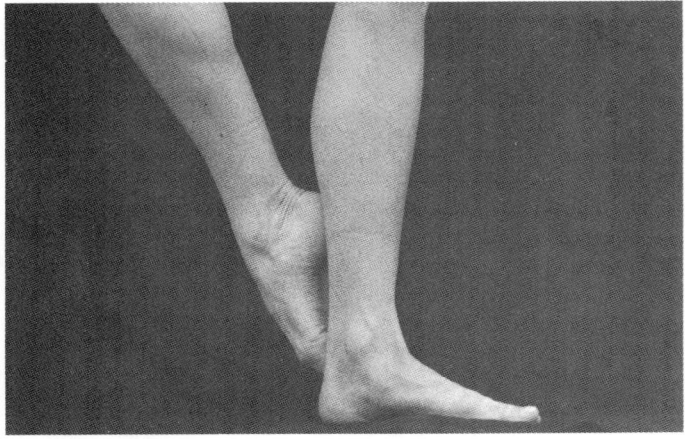

petit battement hinten

2. Takt 1–4:	grand battement, ohne abzusetzen 4 gestreckte Beinschwünge vorwärts hoch
3. + 4. Takt:	Wiederholung rechts, seitwärts
5. + 6. Takt:	Wiederholung rückwärts
7. + 8. Takt:	Bein in arabesque halten und Standbein relevé und zurück in die Ausgangsposition. Alles mit dem linken Bein wiederholen

grand battement vorwärts

$\longrightarrow$

grand battement seitwärts

grand battement rückwärts

174

9) Dehnung und Kräftigung

Ausgangsposition:	2. Position, Arme 2. Position
1. Takt 1 – 2:	Oberkörper bend vorwärts
3 – 4:	linke Hand bleibt am Boden, rechte Hand nimmt linken Fuß und zieht das gestreckte Bein vorwärts hoch, Schwerpunkt ist auf dem rechten Bein tief
2. Takt 1 – 2:	wieder zurück in die 2. Position, Oberkörper bend
3 – 4:	zurück in die Ausgangsposition
3. + 4. Takt	Wiederholung links

Ausgangsposition $\longrightarrow$

1. Takt 1–2

1. Takt 3–4

1. Takt 3–4

1. Takt 3–4

2. Takt 1–2

2. Takt 3–4

2. Takt 3–4

10) Arabesque – Dehnung

Ausgangsposition: Auf dem linken gebeugten Standbein stehen, Hände auf dem Boden, rechtes Bein gebeugt rückwärts

1. Takt 1 – 4: in der vorgegebenen Haltung bounce
2. Takt 1 – 4: rechtes Bein in arabesque strecken, gleichzeitig das Standbein strecken, die Hände bleiben auf dem Boden
3. + 4. Takt: Wiederholung andere Seite

11) Falls

Ausgangsposition: 2. Position parallel, collapse, Arme Aus-
                                gangsposition

1. Takt 1 – 2:   contraction, plié
     3 – 4:   Fall vorwärts, auf Hände und linkes Bein,
                                rechtes Bein hoch

2. Takt 1 – 2:   contraction in 4. Position am Boden
     3 – 4:   wieder zurück in Fall vorwärts auf Hände
                                und linkes Bein, rechtes Bein rückwärts
                                hoch

3. Takt 1 – 4:   gekreuzt »gehen«, rechtes Bein beginnt,
                                dann linkes Bein

4. Takt 1 – 4:   gekreuzt gehen und Oberkörper gleich-
                                zeitig aufrichten

Andere Seite wiederholen, auf »und« in die Ausgangsposition.

1. Takt: 1–2 contraction, plié   →

179

1. Takt: 3–4 Fall vorwärts

2. Takt: 1–2

180

2. Takt: 3–4

3. Takt: 1–4

4. Takt: gekreuzt gehen . . .

. . . bis zum Stand

Levels

Begriffe

arch back	Bogen rückwärts
arch forward	Bogen vorwärts
arch sideward right	
(left)	Bogen seitwärts rechts (links)
heelsit	Fersensitz
hip lift	Hüfte heben
jazz split	eine Rutschbewegung zum Boden, wobei z. B. das vordere Bein gestreckt und das hintere Bein gebeugt ist
levels	jazz-typische Bodenbewegungen
one hip sit	auf einer Hüfte sitzen
Swastika Position	4. Position am Boden: ein Bein vorne gebeugt, ein Bein hinten gebeugt
Swastika Spin	eine Drehung von einer 4. Position zur 4. Position auf der Gegenseite; während der Drehung auf dem Gesäß sind beide Knie angewinkelt
womb	Embryohaltung, Körper zusammengezogen in Kauerstellung

Die Arbeit zum, am und weg vom Boden ist ein wichtiger Teil des Jazz-Dance-Trainings. Der Boden wird im Jazz-Dance- und Modern-Dance-Bereich bewußt als Erweiterung der räumlichen Dimension oder als symbolisches Element einbezogen.

Wie bereits erfahren, lassen sich bestimmte Isolationen besser ausführen, da durch verschiedene Hock-, Sitz- oder Liegepositionen bestimmte Körperteile fixiert werden und sich die Konzentration auf den zu isolierenden Bereich verstärkt.

Als pädagogisches Mittel kann man die Bodenarbeit auch dann einsetzen, wenn z. B. innerhalb einer Kombination eine bestimmte Isolation unklar ist. Diesen Kombinationsteil kann man durch eine modifizierte Methode am Boden herausarbeiten und so den anatomischen Ablauf verdeutlichen.

Ganzheitlich gesehen bringen levels auch eine psychische Abwechslung in das Training ein. In der ruhigen und konzentrierten Bewegung werden, ähnlich wie beim Yoga, neue Kräfte gesammelt.

Im Gegensatz zur Bodengymnastik sollten hier alle Übungen in Übereinstimmung mit einem Rhythmus oder zur Musik ablaufen, damit der Bewegungsfluß des Tanzes ununterbrochen bleibt. Levels sollen den Tanz nicht unterbrechen, sondern neue Möglichkeiten erschließen.

Im folgenden Abschnitt befinden sich Improvisationsanregungen: Einzelübungen zu contraction und release, um die besonders bei Anfängern vernachlässigten Bauch-, Becken- und Rückenmuskeln zu kräftigen, sowie Kombinationsbeispiele, die die bereits erarbeiteten Themen erweitern und Denkanregungen für tänzerische Bewegungsabläufe zum und weg vom Boden geben.

1) Improvisationen

A) Versuchen Sie, ohne die Hände zu gebrauchen, sich aus dem Stand hinzulegen und wieder aufzustehen.

B) Versuchen Sie, sich mit Unterstützung der Hände aus verschiedenen Standpositionen jeweils vorwärts, seitwärts, rückwärts auf den Boden zu legen.

C) Erfinden Sie Bewegungen, die vom Stand über das Knien zum Sitzen und Liegen führen, und wiederholen Sie dieselben Bewegungen rückwärts, so wie man einen Film vorwärts und rückwärts spult. Das trainiert das Bewegungsbewußtsein ungemein. – Wenden Sie diese Methode auch später bei den Kombinationen an!

D) Bewegen Sie sich im Liegen und Sitzen auf dem Boden, wobei die Arme und Beine in der Luft sind.

E) Bewegen Sie sich zum und weg vom Boden, wobei jeweils

z. B. nur 3 oder 2 Körperstellen den Boden berühren dürfen.

F)   Versuchen Sie, aus einer Drehung heraus in Zeitlupe am Boden zu landen und schnell wieder aufzustehen.

G)   Entdecken Sie Fortbewegungsarten im Liegen und Sitzen, ohne die Hände und Beine zu gebrauchen.

H)   Bewegen Sie sich am Boden, und lenken Sie Ihre Gedanken von der körpertechnischen Seite auf den Körperausdruck, z. B.: Was kann ich damit ausdrücken, wenn ich den Körper langsam zusammenziehe oder auf dem Rücken rutsche oder . . . oder . . .

I)   Erlernen Sie die Fachbegriffe dieses Kapitels einzeln durch die Ausführung der dazugehörigen Bewegungen.

J)   Arbeiten Sie eine eigene Bewegungsabfolge aus diesen Einzelposen und -bewegungen aus.

2) Einzelübungen
   (die auch nacheinander zusammenhängend durchgeführt werden können)

A)
Ausgangsposition: Rückenlage, Arme über dem Kopf am Boden
1. Takt 1 – 4:   rechtes Bein und linken Arm langsam heben und senken
2. Takt 1 – 4:   linkes Bein und rechten Arm langsam heben und senken
3. Takt 1 – 4:   Wiederholung von Takt 1, gleichzeitig Oberkörper aufrichten und abrollen
Wiederholung im doppelten Tempo.

Ausgangsposition

1. Takt 1–4

185

B)

Ausgangsposition: liegen wie oben

1. Takt 1 – 4:   Körper in Sitzposition zusammenziehen (womb)
2. Takt 1 – 4:   Oberkörper stretch, Arme hoch, Beine stretch, Füße flex
3. Takt 1 – 4:   Beine bend, Füße flex, Nase an die Knie, Arme über die Knie vorwärts und mit den Händen die Fußsohlen fassen
4. Takt 1 – 4:   stretch und Nase möglichst an den Knien lassen

1. Takt womb

2. Takt

3. Takt

→

187

4. Takt

4. Takt Ende

188

C)

Ausgangsposition:	Füße zusammen, Oberkörper vorwärts tief, mit den Händen über Kreuz die Fußgelenke festhalten
1. Takt 1 – 4:	Oberkörper bounce
2. Takt 1 – 4:	Oberkörper aufrichten

1. und 2. Takt mehrmals wiederholen, dann

| 3. Takt 1 – 4: | Oberkörper bleibt aufrecht, Arme in 2. Position, Beine auswärts strecken, Gesäßmuskel straff halten |
| 4. Takt 1 – 4: | beide Beine langsam heben, Balance, langsam senken |

Ausgangsposition

4. Takt

D)

Ausgangsposition:	2. Position, Arme hinter dem Kopf, Füße flex
1. Takt 1 – 4:	arch sideward right, rechten Ellenbogen hinter dem Oberschenkel langsam zum Boden führen – Achtung: die Beine nicht bewegen, Druck des linken Oberschenkels zum Boden
2. Takt 1 – 4:	zurück in Ausgangsposition
3. Takt 1 – 4:	Wiederholung links – arch sideward left
4. Takt 1 – 4:	Ausgangsposition
5. Takt 1 – 4:	Ellenbogen vorwärts und Oberkörper bend vorwärts, bis die Ellenbogen den Boden berühen, arch forward
6. Takt 1 – 4:	vorn Pause
7. Takt 1 – 4:	zurück in Ausgangsposition
8. Takt 1 – 4:	Füße stretch, Arme in 2. Position

Ausgangsposition

1. Takt $\longrightarrow$

191

2. Takt

3. Takt

192

4. Takt

5. Takt

$\longrightarrow$

E)

Ausgangsposition: Rückenlage, Arme vor dem Brustkorb
                 bend, Beine in der Luft bend
8mal oder 16mal in den Schwebesitz aufrichten und wieder zurück in die Ausgangsposition.

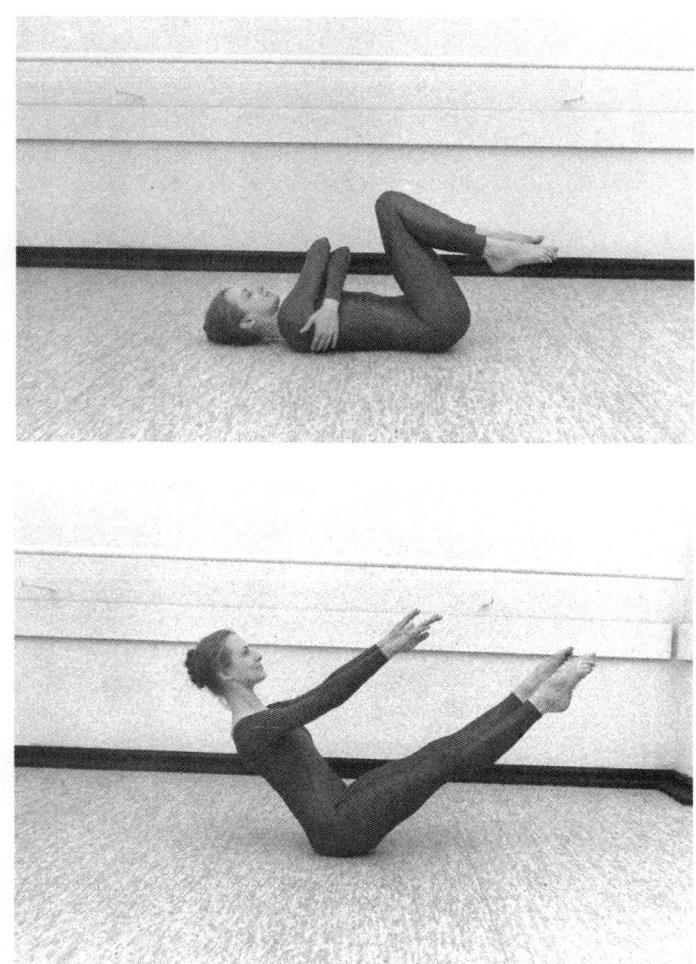

F)

Ausgangsposition:	»Sphynx-Haltung« (arch back) in Bauchlage
1. Takt 1–4:	rechter Arm vorwärts und in 2. Position führen
2. Takt 1–4:	linker Arm vorwärts und in 2. Position führen
3. Takt 1–4:	Kopf nach rechts und links drehen und wieder geradeaus
4. Takt 1–4:	Arme nacheinander wieder in die Sphynx-Ausgangsposition
5. Takt 1–4:	Fußballen auf den Boden drücken (Füße flex), Knie strecken, Oberschenkel und Gesäß anspannen
6. Takt 1–4:	Becken vom Boden heben, so daß der Körper ganz gerade schwebt
7. und 8. Takt:	Bewegungspause und danach langsam zum Boden hin entspannen

Ausgangsposition

1. Takt

1. Takt

$\longrightarrow$

197

2. Takt

2. Takt

198

3. Takt

3. Takt

$\longrightarrow$

4. Takt

6. Takt

200

3) Kombinationsbeispiel I

Ausgangsposition: Bauchlage, Arme seitwärts am Boden, Oberkörper hoch (arch back)

1. Takt 1 – 4:   rechtes Bein zuerst in arabesque, dann in attitude (Fuß über dem Kopf)
2. Takt 1 – 4:   Arme vom Boden heben (arch back)
3. Takt 1 – 4:   kontrolliert über rechts auf den Rücken rollen und dabei gleichzeitig das attitude-Bein vorwärtsstrecken
4. Takt 1 – 4:   zum Sitzen kommen, dabei beide Beine bend, rechtes Bein über den linken Oberschenkel, Oberkörper vorwärts tief, Hände vor dem Oberkörper auf den Boden
5. Takt 1 – 4:   Hochdrücken in die Hocke, dabei bleiben nur der rechte Fuß und die linke Hand am Boden, die rechte Hand hält den linken Fuß fest
6. Takt 1 – 4:   Standbein strecken, den ganzen Körper in attitude-Position aufrichten
7. Takt 1 – 4:   relevé, balance und dabei die attitude zur arabesque strecken
8. Takt 1 – 4:   fall vorwärts in die Ausgangsposition

Ausgangsposition →

201

1. Takt: arabesque

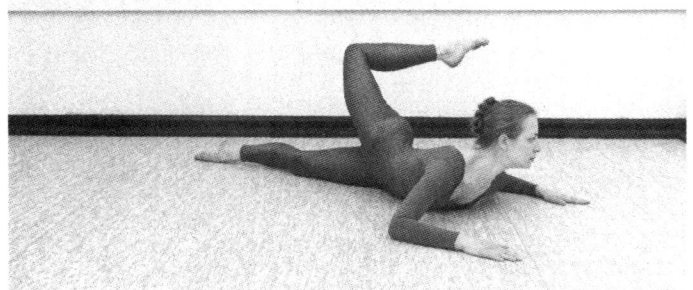

1. Takt: attitude

2. Takt 1–4

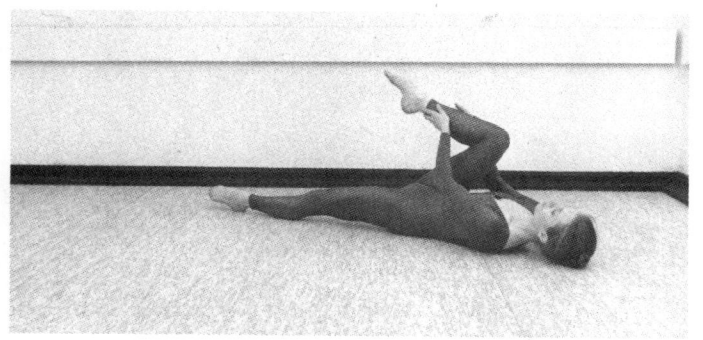

3. Takt

3. Takt

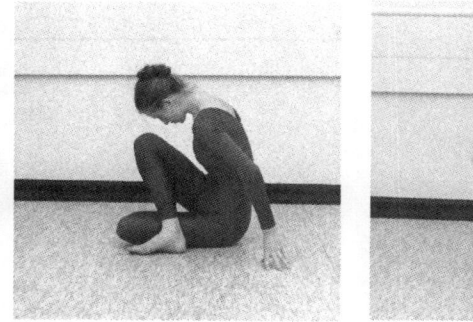

4. Takt

5. Takt

6. Takt 7. Takt

8. Takt

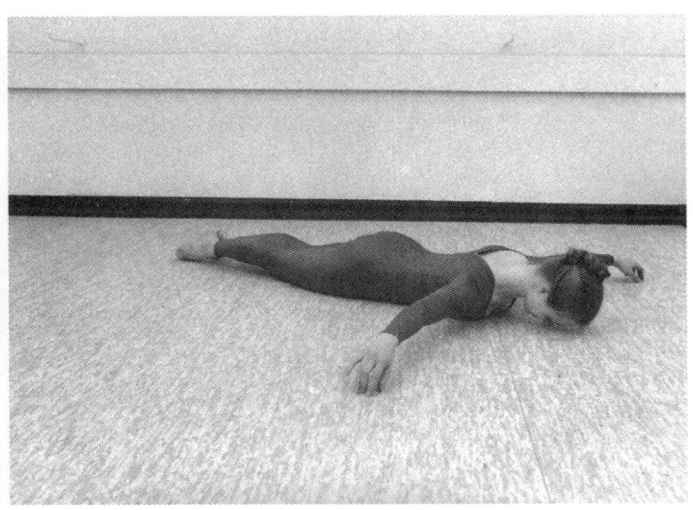

8. Takt

4) Kombinationsbeispiel II

Diese Kombination geht über 10 Takte und soll vorwärts und rückwärts durchgeführt werden, um das Bewußtsein für Bewegungsübergänge weg und hin zum Boden zu trainieren.

Ausgangsposition:	collapse, 1. Position, 1. Raumrichtung
1. Takt 1–4:	Arme über oben in die 2. Raumrichtung vorwärts führen und gleichzeitig gebeugten Ausfallschritt in die 2. Raumrichtung
2. Takt 1–2:	twist rechte Schulter zum linken Knie
3–4:	wieder in Ausgangsposition 2. Raumrichtung
3. Takt 1–4:	Spiraldrehung (Drehung um sich selbst) nach links tief in Sitzposition
4. Takt 1–4:	Beinschere: linkes Bein im Bogen strecken, dann rechtes Bein im Bogen vorwärts folgen lassen, dabei auf dem Gesäß nach links weiterdrehen, bis der Körper in der 4. Position mit dem linken Bein vorne in 8. Raumrichtung endet (Swastika-Position)
5. Takt 1–4:	Oberkörper bend vorwärts
6. Takt 1–4:	Oberkörper aufrichten
7. Takt 1–4:	Oberkörper in 1. Raumrichtung drehen (hip lift), rechtes Bein attitude rückwärts, Arme vor dem Oberkörper in Richtung attitude
8. Takt 1–4:	rechtes Bein über passé in 8. Raumrichtung vorwärts strecken
9. Takt 1–4:	Oberkörper abrollen zum Boden und dabei das linke Bein vorwärtsstrecken und das rechte Bein in passé, Beine schwungvoll nach hinten führen
10. Takt 1–4:	mit Schwung über das rechte Knie hoch auf das linke Standbein in 8. Raumrichtung und gleichzeitig das rechte Bein arabesque strecken

Dann die ganzen Bewegungsphasen rückwärts laufen lassen.
Dann mit einem Partner (oder in 2 Gruppen) die Bewegungsabläufe gegeneinander laufen lassen.

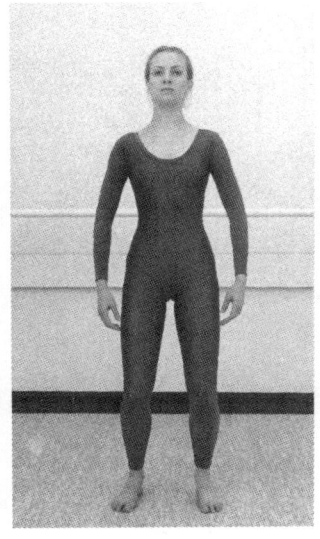

Ausgangsposition

1. Takt

1. Takt

2. Takt 1–2

2. Takt 3–4

3. Takt

4. Takt 1–4

$\longrightarrow$

5. Takt 1–4

6. Takt 1–4

7. Takt 1–4

7. Takt hip lift

$\longrightarrow$

8. Takt

9. Takt

212

10. Takt

10. Takt arabesque

Turns, leaps, jazz walks

Begriffe

turn	Drehung
pivot turn	Achsendrehung auf einem Bein (Pirouette)
step turn	Schrittdrehung
spiral turn	Spiraldrehung, eine um sich selbst vorwärts oder rückwärts gewundene Drehung mit Gewichtsverlagerung von einem Bein zum anderen
en dehors turn	in den Körper gedreht, z. B. Drehung auf dem linken Bein rechts herum oder Drehung auf dem rechten Bein links herum
en dedans turn	aus dem Körper heraus gedreht, z. B. Drehung auf dem rechten Bein rechts herum oder Drehung auf dem linken Bein links herum
leap	Sprung von einem Fuß auf den anderen oder von einem Fuß auf 2 Füße
landing	Landung
jump	Sprung von einem Fuß
jeté	Sprung von einem Fuß auf den anderen
chase	Schleifschritt und Wechselsprungkombination
ball	Ballen
ball beat	den Ballen aufsetzen
ballchange	Gewichtsverlagerung mittels step, von einem Ballen auf den anderen
ball drop	Ballen absetzen
ball step	Schritt auf dem Ballen

beat	den Boden mit Teilen des Fußes berühren und den Bodenkontakt halten, aber ohne Gewichtsbelastung
bounce walk	federndes Gehen
brush	mit dem Fuß ohne Gewicht auf dem Boden schleifen
double	doppelt
double jazz walk	jazz walk mit 2 rhythmischen Bewegungen (motions)
drop	Absenken eines Fußteils
flat step	Gewichtsübertragung vom flachen Fuß zu flachem Fuß
heel	Ferse
heelbeat	Ferse unbelastet aufsetzen
heeldrop	Ferse absenken
jazz walk	multiplizierte Gewichtsübertragung, d. h., während der Gewichtsübertragung von einem Fuß auf den anderen werden zusätzliche rhythmische Bewegungen (motions) ausgeführt – typisches Merkmal, auch akustisch, im Tap Dance (Steptanz)
slam	Aufsetzen des Fußes ohne Gewichtsübertragung
step	Schritt
tap	den Boden ohne Gewichtsübertragung mit den Zehen berühren und sofort wieder verlassen
walk	gehen

Die Drehung als Ausdruck sinnlicher Lust ist die Wurzel der Ekstase. Das Kind dreht sich so lange, bis es lustvoll taumelnd zu Boden fällt, und bei vielen Naturvölkern ist die Drehung das Bewegungselement, das durch seine zentrifugale Wirkung zur Ekstase führt.

Jazz turns unterscheiden sich von allen anderen Drehformen des traditionellen europäischen Volks-, Gesellschafts- oder Kunsttanzes dadurch, daß der Schwerpunkt durch die Collapse-Haltung tiefer liegt und die Fersen den Boden nur minimal verlassen.

Bei jedem Drehvorgang, egal, ob im klassischen Tanz oder im Jazz Dance, gibt es anatomische Regeln, an die man sich halten sollte, wenn man nicht unkontrolliert taumeln will.

a) *anatomisches Prinzip:*
   Schwerpunkt und Körperachse übereinander stabil halten

b) *räumlich-zeitliches Prinzip:*
   Sich einen Fixpunkt im Raum suchen und den möglichst lange mit den Augen fixieren und möglichst schnell wieder erreichen; immer dahin sehen, wo man hin möchte.

Neben den Jazz-turn-Grundformen sind alle anderen Drehungen erlaubt, vorausgesetzt, sie bleiben im Bereich des Jazz. Die Skala ist unerschöpflich und wird vor allem durch tiefe levels besonders interessant.

Eine Wesensverwandtschaft zum Lustgefühl der Drehung hat der Hüpfer oder Sprung. Er ist Ausdruck von explosiven Emotionen. Das Freiwerden von seelischen und körperlichen Kräften überwindet für einen Augenblick die Schwerkraft. Auch hier sind alle möglichen Sprungformen erlaubt, sofern sie im Jazzbereich bleiben.

Um Verletzungen zu vermeiden, sollte man auch hier einige Regeln beachten:
   Nicht der Sprung ist das Wichtigste, sondern – wie beim Fliegen – die Landung. Die wichtigste Bewegung vor und nach dem Sprung ist das plié. Die Fuß- und Beinmuskeln sowie die Sehnen sind die fein aufeinander abgestimmten Stoßdämpfer des Körpers. Deshalb: Beim Landen immer zuerst die Zehen auf den Boden, dann schnell und kontrolliert den Fuß abrollen, Fersen auf den Boden pressen, Knie beugen (plié).

Durch die jazz walks beginnt man sich als Tänzer im Raum zu fühlen. Ergänzt man die Skala der steps, brushes, jazz walks usw. mit turns, leaps, levels und allen anderen binnenkörper-

lichen Bewegungsmöglichkeiten, wird das Gestaltungsrepertoire für tänzerische Kombinationen schier unerschöpflich.
Für den Anfänger soll dies aber zunächst nur ein Hinweis sein. Für ihn gilt es, das System zu durchschauen und seinen Körper in Einklang mit sich und den Anforderungen des Jazz Dance und der Musik zu bringen.
Erst im späteren Lernabschnitt für Fortgeschrittene wird dann die Körpertechnik durch ein anspruchsvolles Training erweitert, werden Kombinationen erarbeitet und didaktische und methodische Anleitungen zur Improvisation und Choreographie gegeben.

Turns

Das Wichtigste bei allen Drehungen ist die Kontrolle der Körperachse, der richtige Zeitpunkt für die Kopfbewegung und die Armhaltung.
Fixieren Sie mit den Augen immer so lange und so schnell wieder den Punkt im Raum, von dem Sie sich wegdrehen und zu dem Sie sich hindrehen. Der Hals/Kopf macht also eine isolierte Bewegung. Er bewegt sich später als der Körper weg von der Ausgangsposition und bewegt sich schneller als der Körper hin in die Endposition der Drehung. Dreht der Kopf gleichzeitig mit dem Körper mit, beginnt sich »der Raum zu drehen«, und Kopf und Magen melden sich mit Schwindelgefühlen.
Die Arme haben eine wichtige Steuerungs- und Stabilisierungsfunktion. Wenn man nach rechts dreht, ist der rechte Arm in einer vorbereiteten Haltung und umgekehrt und der linke Arm bei einer Linksdrehung (Fotos Seite 218/219).
Während eines Drehvorgangs sind die Arme im Normalfall in der 1. Armposition. Haben Sie ein »rundes Gefühl«! So, als würden Sie z. B. einen runden Papierkorb im Arm halten. Alles, was sich gut drehen soll, wird zunächst einmal in eine runde Form gebracht. Der Schwerpunkt bei einfachen jazz turns ist tief, die Ferse verläßt kaum den Boden.
Probieren Sie zunächst einmal alle genannten Drehmöglichkeiten aus. Finden Sie die Unterschiede zwischen en dehors und en dedans turns, zwischen pivot und step turns. Beginnen

Sie mit ¼-Drehungen, dann ½ und dann die ganzen Drehungen. Und immer *beide* Seiten über Rechtsdrehung und Linksdrehung.

1) Step turns

Step turns gehören zu den einfachen Drehungen, weil sie auf 2 Beinen stattfinden. Bei Pirouetten kommt eine zusätzliche Balanceschwierigkeit hinzu. Das Spielbein ist bei Pirouetten in der Grundform, immer fest im passé angelegt.

Ausgangsposition: 1. Position, 1. Raumrichtung, collapse Ausgangsposition

1. Takt und: Kopf in 3. Raumrichtung, Arme in 1. Position

1: Arme und Beine in 2. Position

2: ½ Drehung mit step linkem Fuß in 2. Position nach rechts in 5. Raumrichtung, Arme schließen 1. Position, Kopf bleibt in 3. Raumrichtung

3:	mit rechtem Bein über rechts weiterdrehen in 2. Position, 1. Raumrichtung, Kopfbewegung folgt schnell, und Blickrichtung ist wieder die 3. Raumrichtung
4:	linkes Bein, Arme und Kopf in Ausgangsposition, 1. Raumrichtung
2. Takt:	nach links wiederholen
Varianten:	3-step-turns: in 3. Raumrichtung nach rechts, nach links in Ausgangsposition, 3-step-turns in 1. Raumrichtung nach rechts, nach links in Ausgangsposition, insgesamt 4 Takte, jedesmal 4 Zeiten, die 4. Zeit ist immer eine Pause, die man mit clap hands ausfüllen kann; es entsteht ein »Drehkreuz« (eine nützliche Übung für das Raumgefühl durch Blickrichtungswechsel)
ebenso die	
Variante:	4-step-turns immer nach rechts beginnen, 4 Takte, bis man wieder in der Ausgangsposition, 1. Raumrichtung endet; dann links wiederholen

2) Kombinationen zur Vorbereitung und Durchführung von en dehors turns (Pirouetten)

Ausgangsposition:	1. Raumrichtung, Körperhaltung Ausgangsposition neutral (Beine 1. Position, Arme unten)
1. Takt 1:	rechter Fuß passé, Arme 1. Position
und:	rechtes Knie turn out
2:	rechtes Bein développé nach rechts, Arme 4. Position
und:	rechter Fuß passé turn out, Arme 1. Position
3:	rechtes Knie parallel
4:	Drehvorbereitung 4. Position
2. Takt 1:	¼ en dehors turn in 3. Raumrichtung,

	Arme in der 1. Position, rechtes Bein passé
2:	stop, Arme und Beine bleiben in der Drehposition
3:	Pause (Balance)
4:	Ausgangsposition in 3. Raumrichtung
3. Takt:	wie im 1. Takt wiederholen
4. Takt:	wie im 2. Takt, aber ¼ turn, en dehors in 1. Raumrichtung

Übung wiederholen mit ½ Drehung, 1 Drehung, immer rechts und links.

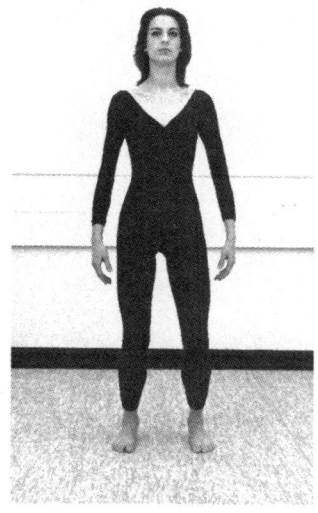

Ausgangsposition für Übung 2

$\longrightarrow$

1. Takt 1

1. Takt und

222

1. Takt 2

1. Takt 2 und

1. Takt 3

1. Takt 4

224

2. Takt 1

2. Takt 4, 3. Raumrichtung

Leaps

Probieren Sie alle vorher genannten Sprungformen aus. Wichtig ist, daß Sie *immer* nach jedem Sprung die Füße abrollen und die Fersen fest auf dem Boden halten; Standbein in demi plié!

Vorbereitungsbeispiele für Sprünge
1. Beispiel:
In der 1. und 2. Position zur Vorbereitung der Fuß- und Beinmuskulatur
1. demi plié
2. Fersen heben
3. Knie strecken
4. Fersen senken
5. zum Ballenstand erheben (relevé)
6. Knie beugen
7. Fersen senken
8. Knie strecken

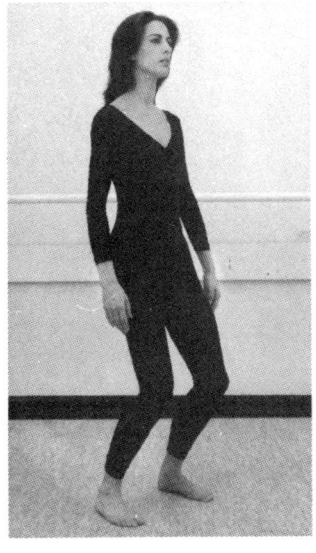

1.

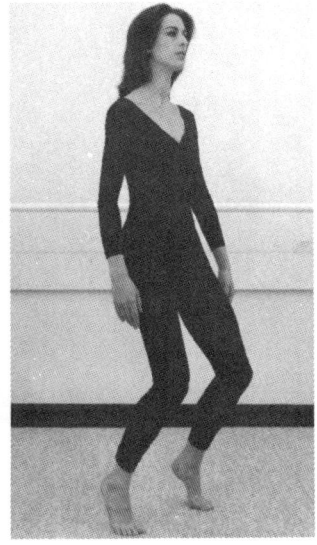

2.

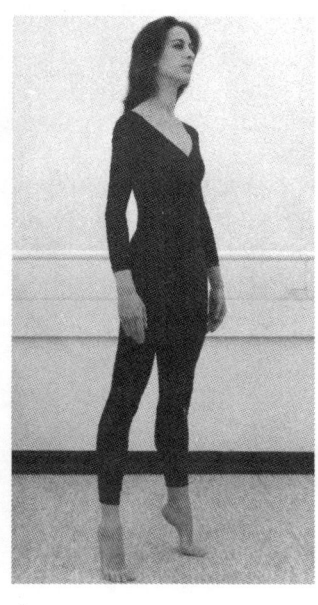 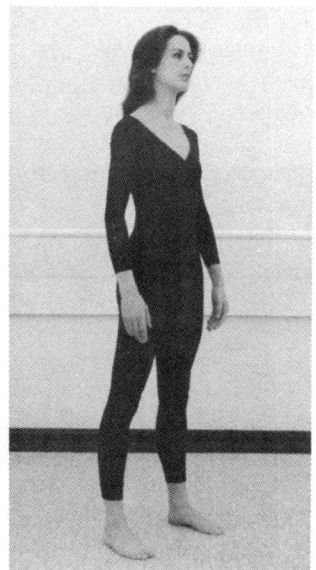

3.   4.

2. Beispiel:

Von der Federung zum Sprung (die Arme schwingen immer
mit)

8 Zeiten federn: Hüft-, Knie-, Fußgelenk, Fersen auf dem
Boden

8 Zeiten federn: Verstärkung Fußteil, Fersen heben sich

8 Zeiten kleine Sprünge, Füße strecken sich ganz

8 Zeiten mit Betonung nach oben

3. Beispiel:

Förderung der Sprungkraft: Von 2 Füßen auf 2 Füße am
                              Platz
                              Ausgangsposition 1. Position
                              neutral

Insgesamt hat man 4 Zeiten: Sprünge von 2 Füßen auf 2 Füße

und	ist	Sprungvorbereitung (Knie beugen)
1	ist	Sprung
und	ist	Landung
2	ist	2. Sprung
und	ist	in Luft halten
3	ist	Landung
und	ist	Sprung
4	ist	Landung
und	ist	Sprungvorbereitung

Man betont also 2 Sprünge oben und 2 Sprünge unten, durch
die Akzentverschiebung wird die Körperspannung und Konzentration erhöht und so die Sprungkraft verstärkt.

1. Übung:

Vom Gehen zum Laufen, vom Laufen zum Springen; am Platz
und vom Platz. Analysieren Sie die Veränderungen in Ihrem
Körper.

2. Übung:

Springen am Platz und vom Platz   von 2 Füßen auf 2 Füße
                                   von 2 Füßen auf 1 Fuß
                                   von 1 Fuß   auf 1 Fuß
                                   abwechselnd
                                   von 1 Fuß   auf 1 Fuß hop

3. Übung:

Von der 1. in die 2. Position, mit Koordination von isolierten
Armbewegungen

Ausgangsposition: 1. Position neutral

1. Takt 1:	Sprung in 2. Position
2:	Sprung in 1. Position
3:	Sprung in 2. Position
4:	Pause

2. Takt 1:	Sprung in 1. Position
2:	Sprung in 2. Position
3:	Sprung in 1. Position
4:	Pause

Wiederholung mit Armkreis über innen nach außen. Auf »4«
haben die Beine Bewegungspause, während die Arme in die
Ausgangspositionen geführt werden.

4. Übung:
Sprünge in 1. Position und 2. Position am Platz: 1mal mit
parallelen Füßen, 1mal turned out
8mal 1. Position
8mal 2. Position
4mal 1. Position
4mal 2. Position
2mal 1. Position
2mal 2. Position
1mal 1. Position
1mal 2. Position
Variante mit gegengleichen Armkreisen:
    rechter Arm von innen nach außen
    linker Arm von außen nach innen

5. Übung:
1. und 2. Position mit Rhythmuswechsel
1mal 1. Position
1mal 2. Position
3mal 1. Position
1 Zeit Pause
1mal 2. Position
1mal 1. Position
3mal 2. Position
1 Zeit Pause

6. Übung:

Zur Entwicklung der Oberschenkelinnenmuskulatur Füße turned out, damit die Beininnenmuskulatur wirksam arbeitet

1mal 2. Position

1mal 1. Position

1mal 2. Position in der Luft und landing in 2. Position

1mal 1. Position

1mal 2. Position

1mal 1. Position

1mal 2. Position in der Luft und landing in 1. Position

2. Position

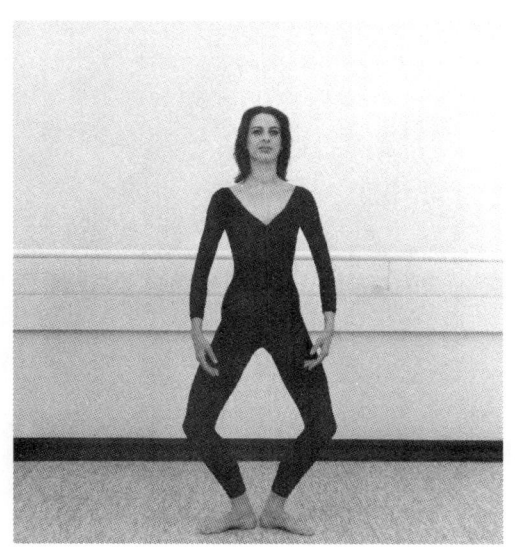

1. Position

2. Position in der Luft

→

. . . und landing in 2. Position

1. Position

2. Position

1. Position

$\longrightarrow$

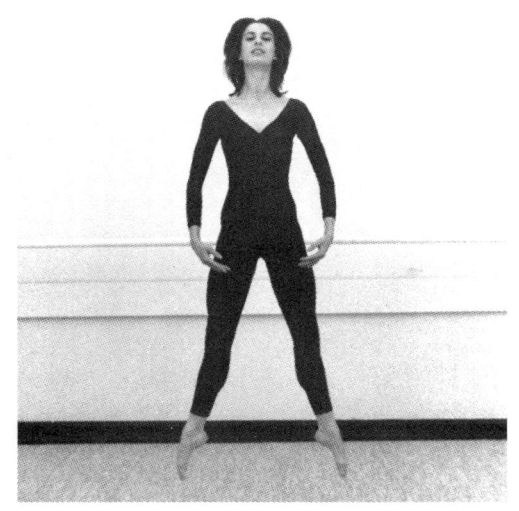

2. Position in der Luft

. . . landing in 1. Position

7. Übung:

Zur Kräftigung der Fußmuskulatur und zum Üben der Abroll-technik bei der Sprunglandung

2. Position plié: schnelle kleine Sprünge mit langsamer Lan-dung, dabei die Knie gebeugt lassen und den Schwerpunkt tief. Der Kopf soll möglichst in einer Höhe bleiben

8mal in 1. Raumrichtung

8mal in 7. Raumrichtung

8mal in 1. Raumrichtung

8mal in 3. Raumrichtung

Ausgangsposition 2. Position plié $\longrightarrow$

kleine Sprünge . . .

. . . mit langsamer . . .

. . . Landung in 2. Position plié

8. Übung:
Sprünge durch den Raum von der 6. Raumrichtung in die
2. Raumrichtung (große Diagonale)
4 jumps in der 1. Position
4 jetés vorwärts

9. Übung:
Von der 6. Raumrichtung in die 2. Raumrichtung
3 steps
1 jeté vorwärts
1mal über die Diagonale mit rechtem Bein beginnen
1mal über die Diagonale mit linkem Bein beginnen

10. Übung:
Überlegen Sie verschiedene Varianten zum Thema step und
jeté mit verschiedenen Rhythmen und Richtungsänderungen,
z. B. im Kreis, Wechsel der Diagonalen usw.

Jazz Walks
Die Jazz Walks sind Verwandte des Tap Dance (Steptanz).
Deshalb versuchen Sie auch hier einmal, zuerst frei, die einzelnen, vorher beschriebenen Begriffe auszuprobieren. Machen
Sie die Übungen ohne Musik, damit Sie bewußt die Fußrhythmen hören und eigene kleine, rhythmische Kombinationen
entwickeln können. Erleben Sie die unterschiedlichen Quali-
täten von step, beat, tap oder brush.

1. Übung:
Gehen Sie durch den Raum mit
flat step
ball step
double jazz walk wie ball beat und heeldrop

flat step   *ball step*

double jazz walk

2. *Übung:*

Beispiel für eine kleine Kombination

1. Takt 1–4:   4mal double jazz walk, ball beat und heel-drop

     1–4:   2mal flat step langsam

     1–4:   flat step im Wechselschrittmuster: step vorwärts, step ran, step vorwärts

2. Takt 1:   1mal step seitwärts rechter Fuß

     und 2:   1mal ballchange, linker Fuß, rechter Fuß

     3:     1mal flat step linker Fuß

     4:     1mal flat step rechter Fuß

3. *Übung:*

Bounce walk von hinten nach vorne, von vorne nach hinten, nach jedem step auf dem Standbein im demi plié nachfedern. Nehmen Sie dazu unterschiedliche Musik: einmal Swing und einmal Blues.

Bounee walk

4. Übung:
Durch den Raum: von hinten nach vorne
                     von vorne nach hinten
                     frontal in der 2. und 8. Raumrichtung vorwärts
                     mit Frontveränderung in der 2. und 8. Raumrichtung vorwärts
                     im Kreis
                     im Rechteck
                     mit Richtungsänderungen in der 5. und 2. Raumrichtung usw.
alle Varianten von vorwärts und seitwärts jazz walk
                     chassé
                     steps mit kicks
                     steps mit knee raise
                     steps mit knee twist
                     tap steps
                     brush steps

steps mit kicks

knee raise

241

steps mit knee twist

Wichtig bei allen Übungen ist, daß Sie rhythmisch präzise und kontinuierlich arbeiten.

Die Arme sind am Anfang in der Regel in Opposition zum Standbein (kein Paßgang!) und bewegen sich swingend (schwingend), Gewichtsverlagerungen ausgleichend, in Höhe der Gürtellinie.

Im fortgeschrittenen Stadium kann man dann die typischen und standardisierten jazz walks erlernen, die in der Art, wie man geht, noch einmal die Entwicklung des Jazz Dance vom afrikanischen Ursprung bis zu den heutigen Showelementen zusammenfassen.

Literaturverzeichnis

Acogny, G., Afrikanischer Tanz, Frankfurt am Main 1980,
Arbeitskreis für Tanz im Bundesgebiet (Hrsg.), Tanzdidakti-
sche Konzeption. In: Information über Tanz, Heft 4
Beckmann, M., Jazzgymnastik Beckmann I und II, Schorn-
dorf 1978
Beckmann, M., Jazzgymnastik Beckmann I und II (Schriften-
reihe zur Praxis der Leibeserziehung und des Sports, Bd.
98), Stuttgart 1975
Berendt, J. E., Das große Jazzbuch, Frankfurt am Main 1982
Berendt, J. E., Ein Fenster aus Jazz, Frankfurt am Main 1978
Bertelsmann, K., Ausdrucksschulung, Stuttgart 1975
Brunner, I., Jazztanz, Reinbek 1978
Dauer, A. M., Der Jazz – seine Ursprünge und seine Entwick-
lung, Kassel, Eisenach 1959, 1977
Ebermann, R., Jazz-Tanzen, München 1983
Ellfeldt, L., Dance from Magic to Art, Iowa 1983
Emery, L. F., Black Dance, Palo Alto, Cal. 1972
Fischer-Münstermann, U., Von der Jazzgymnastik zum Jazz-
tanz, Celle 1975
Fast, J., Körpersprache, Reinbek 1971
Frich, E., Matt Mattox – Jazz Dance, Weingarten 1984
Fritsch, U., Tanzen – auch im Sportunterricht? In: Sportpäd-
agogik 5 (1981), 7–15

Funke, J., Sportunterricht als Körpererfahrung, Reinbek 1983

Giordano, G., Anthology of American Jazz Dance, Evanston 1975

Grimmer, M./Günther, H., Tap Dance, Stuttgart 1973

Günther, D., Der Tanz als Bewegungsphänomen, München 1962

Günther, H., Grundphänomene und Grundbegriffe des afrikanischen und afro-amerikanischen Tanzes: Beiträge zur Jazzforschung, Bd. 1, Graz 1977

Günther, H./Haag, H., Von Rock'n'Roll bis Soul. Die modernen Poptänze von 1954 bis 1976, Stuttgart 1976

Günther, H., Zur Retention afrikanischer Tanzstile in den USA bis heute. In: Jazzforschung 9, 1977, 109 – 120, Graz 1978

Günther, H., Jazz Dance-Geschichte/Theorie/Praxis, Wilhelmshaven 1982

Günther, H./Schäfer, H., Vom Schamanentanz zur Rumba, Stuttgart 1975

Günther, H./Grimmer, M.: Theorie und Praxis des Jazz Dance, Stuttgart 1975

Günther, H., Grundphänomene und Grundbegriffe des afrikanischen und afro-amerikanischen Tanzes, Wien [3]1977

Günther, H./Grimmer, M., Jazz Dance, Stuttgart [3]1975

Haselbach, B., Improvisation Tanz/Bewegung, Stuttgart 1976

H'Doubler, M., Dance, A Creative Art Experience, The University of Wisconsin Press, 1972

Heinelt, G., Kreative Lehrer, kreative Schüler, Freiburg im Breisgau 1974

Jahn, J. (Hrsg.), Negro Spirituals, Frankfurt am Main 1962

Jürgens, I., Tanz in Schule und Gruppe, Baltmannsweiler 1982

Koegler, H., Friedrichs Ballett-Lexikon, Velbert 1972

Laban, R. von, Der moderne Ausdruckstanz in der Erziehung, 1981

Lange, H. A., Die Geschichte des Jazz in Deutschland, Lübbecke 1960

Mahler, M., Kreativer Tanz, Gümlingen 1981

Martin, J., Introduction to the Dance, New York 1969

Marshall/Stearns, Jazz Dance, The Story of Vernacular Dance, New York 1968

North, M., Personality Assessment through Movement, London 1972

Perottet, C., Ausdruck in Bewegung und Tanz, Bern 1983

Schabert, K., Jazz Dance, München 1983

Schabert, K., Tänzerische Jazzgymnastik, München 1975

Traguth, F., Modern Jazz Dance, Bonn 1977

Vent., H./Drefke, H., Gymnastik/Tanz (Reihe: Sport – Sekundarstufe II), Düsseldorf 1981

Vormbrock, F., Jazztanz: Finden, Erspüren, Probieren – nicht Imitieren. In: Sportpädagogik 5 (1981) 57–60

Vormbrock, F./Zimmer, R., Tanz als sinnlich körperliche Erfahrung. In: Tanzen 1 (1983), 3, 1–5, 4, 4–6

Zimmer, R., Spielideen im Jazztanz, Schorndorf 1984 (Schriftenteile zur Praxis der Leibeserziehung und des Sports, Bd. 177)

Ein führendes Geschäft für Fachliteratur und Unterrichtsschallplatten für Tanz ist seit Jahrzehnten die Buchhandlung

Wolfgang Grelow
Theatinerstr. 35
8000 München 2

Schallplattenempfehlung zu diesem Buch:
»Exercises«
von Steffi Stephan und Günther Rebel, erhältlich bei
Günther Rebel
Berliner Platz 23
4400 Münster

Sachregister

Autogenes Training zum Wohl der Gesundheit.

Die Wechseljahre: Keine Krankheit, sondern eine Lebensstufe.

Sich selbst massieren – kein Problem.

Box dich fit!

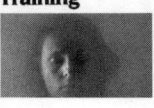

Gisela Eberlein

Gesund durch Autogenes Training

ECON Ratgeber

P. van Keep/L. Jaszmann

Die Wechseljahre der Frau

ECON Ratgeber

Chris Stadtlaender Selbstmassage

Gesund und schön durch eigene Kraft

ECON Ratgeber

Cornelia Dunkel
H. Schulz

Boxgymnastik für Frauen

Das neue Fitneßprogramm für den ganzen Körper

ECON Ratgeber

Eberlein, Gisela
Gesund durch Autogenes Training
132 Seiten
6 Zeichnungen
7,80 DM
ISBN 3-612-20141-7
ETB 20141

van Keep, Pieter A./ Jaszmann, Laszlo
Die Wechseljahre der Frau
139 Seiten
6 Zeichnungen
6,80 DM
ISBN 3-612-20013-5
ETB 20013

Stadtlaender, Chris
Selbstmassage
– Gesund und schön durch eigene Kraft –
Originalausgabe
160 Seiten
29 Zeichnungen
8,80 DM
ISBN 3-612-20067-4
ETB 20067

Dunkel, C./Schulz, H.
Boxgymnastik für Frauen
Das neue Fitneßprogramm für den ganzen Körper
Originalausgabe
112 Seiten, 102 Fotos
8,80 DM
ISBN 3-612-20149-2
ETB 20149

Das Buch

Alltagsstreß, nervöse Störungen an Herz, Kreislauf, Magen und Darm können durch Autogenes Training behoben werden.
Auch bei Schlafstörungen, depressiven Verstimmungen und Angstzuständen hilft Autogenes Training.
Die Autorin zeigt anhand von eindrucksvollen Beispielen aus ihrer Praxis, welche Erfolge sie mit Autogenem Training erzielte, und sie gibt konkrete Anleitungen, wie das Autogene Training von jedermann angewandt werden kann.
Dies ist ein Ratgeber für alle, die sich geistig und körperlich fit halten wollen.

Die Autorin

Dr. med. Gisela Eberlein unterrichtet in eigener Praxis Autogenes Training und leitet außerdem Kurse und Seminare an einer Volkshochschule sowie in Arbeitsgemeinschaften.

Das Buch

Der Übergang von der fruchtbaren in die nächste Lebensperiode ist für Körper und Psyche der Frau mit einschneidenden Veränderungen verbunden. Neben den rein hormonellen Umstellungen des Körpers und Nebenerscheinungen, wie Hitzewallungen, verbunden mit akuten Schweißausbrüchen, Schilddrüsenstörungen, rheumatischen Gelenkveränderungen, hat die Frau häufig mit psychischen Beschwerden, wie Depressionen und starken Schwankungen im Gefühlsleben, zu kämpfen. Dieses Buch zeigt, wie jede Frau diese Beschwerden erfolgreich durch die bewußte Auseinandersetzung mit dieser Lebensphase angehen kann.

Die Autoren

P. A. van Keep und L. Jaszmann, Gynäkologen, haben in diesem Buch wissenschaftlich fundierte Erfahrungen aus der klinischen Arbeit mit Frauen im Klimakterium zusammengestellt.

Das Buch

Schon die alten Griechen und Römer wußten um den gesundheits- und schönheitsfördernden Wert der Massage, der bis heute feststeht. Massagen sind teuer, auf Krankenschein kann man sich nur bei Krankheit und bei degenerativen Leiden massieren lassen. Um gesund und schön zu bleiben, kann man sich aber auch selbst massieren, wie, das zeigt die Autorin. Nach einer Einführung in die Geschichte der Massage, einer Erläuterung der Heil-, Sport- und Schönheitsmassagen, der Vorsichtsmaßnahmen bei Schmerzen, Entzündungen und Krampfadern beschreibt sie, wie man sich von Kopf bis Fuß selbst massieren kann, welche Griffe man kennen muß und welche selbst hergestellten Kräuteröle man verwenden kann.

Die Autorin

Chris Stadtlaender ist Fachjournalistin für Medizin und Kosmetik. Sie lebt in Wien.

Das Buch

Bei dieser neuen Gymnastikart kämpfen nicht Frauen gegen Frauen, sondern es ist eine Sportart, die den Körper besser trainiert als Aerobic und Jogging zusammen. Es ist außerdem ein Anti-Aggressions-Programm, das Streß und Ärger abbaut. Die Autorin beschreibt, welche Geräte und Kleidung benötigt werden, wie hoch der finanzielle Aufwand ist und gibt in ausführlichen Schritt-für-Schritt-Anleitungen zahlreiche Hinweise für richtiges Training, damit die ideale Figur erreicht werden kann.

Die Autorin

Cornelia Dunkel ist seit vielen Jahren Gymnastik- und Sportlehrerin und hat das Box-Training in ihr Lehrprogramm aufgenommen.

Naturheil-methoden und heimliche Krankmacher.	*Biomedizin – die natürliche Alternative.*	*Nie mehr Verstopfung.*	*Krankheiten erkennen und selbst behandeln.*

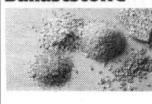

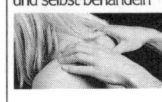

Maximilian Alexander **Die (un)heimlichen Krankmacher** Vorbeugen, erkennen, heilen	**Maximilian Alexander Eugen Zoubek** **Schmerzfrei durch Biomedizin** Neue Naturheilmethoden	**Gerhard Leibold** **Gesund und fit durch Ballaststoffe**	**Alfred Bierach** **Reflexzonen-therapie** Krankheiten erkennen und selbst behandeln
ECON Ratgeber	ECON Ratgeber	**ECON Ratgeber**	ECON Ratgeber

Alexander, Maximilian
Die (un)heimlichen Krankmacher
– Erkennen, Heilen, Vorbeugen, –
Originalausgabe
144 Seiten
9,80 DM
ISBN 3-612-20039-9
ETB 20039

Alexander, Maximilian/Zoubek, Eugen
Schmerzfrei durch Biomedizin
– Neue Naturheilmethoden –
143 Seiten
6,80 DM
ISBN 3-612-20000-3
ETB 20000

Leibold, Gerhard
Gesund und fit durch Ballaststoffe
Originalausgabe
140 Seiten
5 Zeichnungen
7,80 DM
ISBN 3-612-20082-8
ETB 20082

Bierach, Alfred
Reflexzonentherapie
– Krankheiten erkennen und selbst behandeln –
123 Seiten
89 Zeichnungen
46 Fotos
6,80 DM
ISBN 3-612-20002-X
ETB 20002

Das Buch
Die verborgenen Krankheitsursachen sind das große Handicap der konservativen Schulmedizin, die Krankheitssymptome werden mit höchst bedenklichen Mitteln der Chemie unterdrückt.
Die moderne Naturmedizin aber geht auf den Menschen als Ganzes ein und hilft, Störfelder, vergiftete Stoffwechsellagen, Wirbelsäulenveränderungen, nervale Blockaden, Lymphstauungen, Psychotoxine, Blutdruck, Durchblutungsstörungen, Sauerstoffmangel, Allergien, Wetterfühligkeit und Therapieschäden zu normalisieren. Ein Krankheits- und Heilmittelregister schließt das Buch ab.

Der Autor
Maximilian Alexander arbeitet seit vielen Jahren als freier Journalist und Schriftsteller. Seine Spezialgebiete sind Medizin und Naturheilkunde.

Das Buch
Akute und chronische Schmerzzustände sind das Schicksal vieler Menschen und können oft einen Lebensweg beeinflussen und prägen. Die Biomedizin bietet eine natürliche Alternative zu den herkömmlichen Schmerzmitteln.
Wirksame Präparate, auf rein biologischer Basis hergestellt, helfen Schmerzen ohne schädliche Nebenwirkungen überwinden, mobilisieren Eigenkräfte und setzen einen natürlichen Heilungsprozeß in Gang. Anhand zahlreicher Praxisbeispiele zeigen die Autoren, mit welchen Mitteln der modernen Naturmedizin der Mensch Krankheiten und Schmerzen vorbeugen und sich selbst erfolgreich behandeln kann.

Die Autoren
Maximilian Alexander arbeitet seit vielen Jahren als freier Journalist und Schriftsteller. Seine Spezialgebiete sind Medizin und Naturheilkunde. Eugen Zoubek ist Homöopath und Arzt.

Das Buch
Ballaststoffe sind wichtige Bestandteile der menschlichen Nahrung. Der Autor schildert die Notwendigkeit der Verwendung und die Gefahren für die Gesundheit bei Mangel an Ballaststoffen.

Aus dem Inhalt
Was sind Ballaststoffe?
· Natürliche Ballaststoffquellen · Stuhlgang ohne Probleme · Regulierung der Blutfett- und Blutzuckerwerte · Vorbeugung von Krebskrankheiten · Krank durch Ballaststoffmangel · Richtige Ernährung · Rezepte für ballaststoffreiche Ernährung.

Der Autor
Gerhard Leibold ist erfahrener Heilpraktiker und Autor zahlreicher Sachbücher.

Das Buch
Geistige Anspannung und körperliche Verkrampfung führen oft zu Verhärtung oder Knötchen, da von den inneren Organen Reflexbahnen zur Körperdecke laufen, die diese verändern. Durch Reflexzonenmassage kann man über bestimmte Gebiete der Körperdecke auf innere Organe einwirken, Schmerz lindern oder heilen.
Die exakte Bebilderung in diesem Buch zeigt, welche Körperzonen bei welchen Erkrankungen behandelt werden sollen.

Der Autor
Alfred Bierach leitet eine eigene Praxis für Psychotherapie und Naturheilkunde am Bodensee. Seit Jahren wendet er Reflexzonenmassage erfolgreich an.

*Primadonna,
die man
lieben muß.*

*Das Rauhbein
mit der
zarten Seele.*

*Mischlinge
haben die
besten
Charaktere.*

*Meine ersten
eigenen Fische.*

Brigitte Eilert-Overbeck
Meine Katze
Verhalten, Ernährung, Pflege
Begleitbuch zur ZDF-Serie »Mit Tieren leben«

ECON Ratgeber

Arnt-Günter Nimz
Mein Hund
Verhalten, Erziehung, Pflege
Begleitbuch zur ZDF-Serie »Mit Tieren leben«

ECON Ratgeber

Rolf Spangenberg
Klassehunde ohne Rasse
Freundschaft,
die nie enttäuscht

ECON Ratgeber

Hans J. Mayland
Aquarium für Anfänger
Beckenarten, Aquarientechnik, Bepflanzung, Fische

ECON Ratgeber

Eilert-Overbeck, B.
Meine Katze
Verhalten, Ernährung,
Pflege
Originalausgabe
140 Seiten
24 Zeichnungen
8,80 DM
ISBN 3-612-20151-4
ETB 20151

Nimz, Arnt-Günter
Mein Hund
Verhalten, Erziehung,
Pflege
Originalausgabe
128 Seiten
ca. 30 Zeichnungen
8,80 DM
ISBN 3-612-20150-6
ETB 20150

Spangenberg, Rolf
Klassehunde
ohne Rasse
Freundschaft,
die nie enttäuscht
224 Seiten
30 Fotos
9,80 DM
ISBN 3-612-20109-3
ETB 20109

Mayland, Hans J.
Aquarium
für Anfänger
Beckenarten,
Aquarientechnik,
Bepflanzung, Fische
Originalausgabe
144 Seiten, 30 Farbfotos, 60 Zeichnungen
9,80 DM
ISBN 3-612-20100-X
ETB 20100

Das Buch
Katzen wollen den Familienanschluß, ja sogar die „Gleichberechtigung" von ihrem menschlichen Wohngenossen. Sie können zärtliche Schmusetiere sein, aber sie können auch das Erbe ihrer wilden Verwandten nicht leugnen. In diesem Buch erfährt man alles, was für das Zusammenleben und Verständnis notwendig ist.

Aus dem Inhalt
Die Katze – ein Tier mit Persönlichkeit · Grundvoraussetzungen für die Katzenhaltung · Eine Katze kommt in die Familie · Wohnungskatze oder „Freiläufer" · Ernährung und Pflege · Gesundheit und Geburtenkontrolle · Welche Katze soll es sein?

Die Autorin
Brigitte Eilert-Overbeck ist Journalistin und Autorin mehrerer Katzenbücher.

Das Buch erscheint als Begleitbuch zur ZDF-Serie „Mit Tieren leben".

Das Buch
Hunde sind die treuesten Haustiere, ob es nun Rassehunde oder Mischlinge sind. In diesem Buch wird von einem kompetenten Autor alles das beschrieben, was wichtig ist für das Zusammenleben von Hund und Mensch, sowohl in der Stadt als auch auf dem Land.

Aus dem Inhalt
Welcher Hund ist der richtige? · Kleine Hundepsychologie · Erziehung des Hundes · Richtige Ernährung · Hund und Kind · Der vierbeinige Patient · Mit Hund auf Reisen · Leben mit Hunden.

Der Autor
Dr. med. vet. A.-G. Nimz ist Kleintierarzt mit eigener Praxis und hat jahrelange Erfahrung im Umgang mit Hunden.

Das Buch erscheint als Begleitbuch zur ZDF-Serie „Mit Tieren leben".

Das Buch
Eine „Promenadenmischung" werden sie oft abfällig genannt, die liebenswerten Hunde, die auf keinen makellosen Stammbaum zurückblicken können. Dabei sind sie besonders kraftvoll, widerstandsfähig und anhänglich.

Aus dem Inhalt
Erwerb · Rassenstolz · Hundeknigge · Körpersignale kultivieren · Stimmklang modulieren · Soziale Stellung betonen · Hundestrafen · Haltung und Pflege · Der erste Tag · Der Alltag · Hundeliebe · Tierquälerei · Tierschutzvereine und Tierheime

Der Autor
Dr. Rolf Spangenberg ist Tierarzt und Sachbuchautor.

Das Buch
Fische sind nicht nur schön, sie stellen auch ein wahres Nervenelixier dar. Das Aquarium und seine Pflege sind ein Hobby für die ganze Familie. Kinder lernen das Wunder der Fortpflanzung sowie die Liebe zur Kreatur.

Aus dem Inhalt
Welchen Aquarientyp brauchen wir? · Wohin mit dem Aquarium? · Größe und Gewicht eines Aquariums · Keine Angst vor der Technik! · Einrichtung des Beckens · Das Wasser · Über die Bepflanzung · Die Fische · Fütterung · Aquarienmedizin

Der Autor
Hans J. Mayland ist der bekannteste deutsche Aquaristik-Autor.

*Starkes Selbst-
vertrauen für
eine erfolgreiche
Bewerbung.*

*Was meint der
Arbeitgeber
wirklich?*

*Der Selb-
ständige
ist sein
eigener Herr.*

*Partner
gewinnen.
Partner
überzeugen.*

**Heiner Kurt Wülfrath
Sich erfolgreich
bewerben
und vorstellen**

Ein praktischer Ratgeber
für Stellensuchende

ECON Praxis

Manfred Lucas

**Arbeitszeugnisse
richtig deuten**

ECON Praxis

**Edgar Forster
Sich
selbständig machen –
gewußt wie**

ECON Praxis

**Harry Holzheu
Gesprächspartner
bewußt für sich
gewinnen**

Psychologie und Technik des
partnerorientierten Verhaltens

ECON Praxis

Wülfrath, Heiner Kurt
*Sich erfolgreich
bewerben und
vorstellen*
– Ein praktischer
Ratgeber für Stellen-
suchende
– Originalausgabe, 90 S.
5,80 DM
ISBN 3-612-21004-1
ETB 21004

Lucas, Manfred
*Arbeitszeugnisse
richtig deuten*
Originalausgabe
128 Seiten
8,80 DM
ISBN 3-612-21016-5
ETB 21016

Forster, Edgar A.
*Sich selbständig
machen – gewußt wie*
Originalausgabe
192 Seiten
9,80 DM
ISBN 3-612-21001-7
ETB 21001

Holzheu, Harry
*Gesprächspartner be-
wußt für sich gewinnen.*
– Psychologie und
Technik des partner-
orientierten Verhaltens
Originalausgabe
192 Seiten
8,80 DM
ISBN 3-612-21003-3
ETB 21003

Das Buch
Mit steigender Zahl
der Arbeitslosen wird
auch die Konkurrenz
unter den Stellensu-
chenden größer. Die
Chancen des einzel-
nen nehmen mit der
effizienten schriftli-
chen und mündlichen
Form einer Bewer-
bung zu. In systemati-
scher Abfolge erfährt
der Leser, wo er die
meisten Stellenanzei-
gen findet, wie er An-
zeigen analysiert, wel-
che Bewerbungsfor-
men es gibt, welche
am vorteilhaftesten
sind, welches Bewer-
bungsmaterial er be-
nötigt, wie er die
schriftliche Bewer-
bung aufbaut und for-
muliert, wie man sich
auf ein Vorstellungs-
gespräch vorbereitet,
wie man Gehaltsver-
handlungen führt und
was man beim Ver-
tragsabschluß be-
rücksichtigen muß.

Der Autor
Heiner K. Wülfrath ist
Exportleiter. Er hat
sich viele Jahre inten-
siv mit der Auswer-
tung von Bewerbun-
gen und der Personal-
auswahl beschäftigt.

Das Buch
Man erhält ein Zeug-
nis, aber was bedeu-
ten eigentlich die ver-
schiedenen Formulie-
rungen? Was heißt
„Zu unserer vollsten
Zufriedenheit" oder
„Der Mitarbeiter hat
sich um den Betrieb
verdient gemacht"?
Dieses Buch gibt auf
alle Fragen ausführ-
liche Antwort.

Aus dem Inhalt
Rechtliche Grundla-
gen · Bedeutung des
Zeugnisses · Haftung
des Arbeitgebers ·
Zeugnisse bei der Vor-
stellung · Zeugnisse
während der Arbeits-
verhältnisses · Zeug-
nisse bei Beendigung
des Arbeitsverhältnis-
ses · Einfaches Zeug-
nis · Qualifiziertes
Zeugnis · Ersatzzeug-
nis.

Der Autor
Manfred Lucas ist
Dozent in der Erwach-
senenbildung mit
Schwerpunkt Bewer-
bung.

Das Buch
Das Risiko, seinen Ar-
beitsplatz zu verlie-
ren, nimmt in Zeiten
wirtschaftlicher Spar-
maßnahmen ständig
zu. Der Trend zum
selbständigen Arbei-
ten, zum eigenständi-
gen Tragen der be-
ruflichen Verantwor-
tung, zur Unabhängig-
keit, ist verbreitet. Von
der Idee und den Vor-
aussetzungen · über
die Konzeption, mit
und ohne Hilfe von Un-
ternehmensberatun-
gen, über Finanzie-
rungsmöglichkeiten,
rechtliche, steuer-
liche und versi-
cherungstechnische
Richtlinien bis hin zu
Pressearbeit, Wer-
bung, Absatz und Ver-
trieb werden alle we-
sentlichen Fragen be-
antwortet. Praktische
Beispiele veranschau-
lichen den Text.

Der Herausgeber
Dr. Edgar A. Forster ist
Volkswirt und arbeitet
als Unternehmensbe-
rater und Repräsen-
tant des Bundesver-
bandes für Selbstän-
dige in München.

Das Buch
Momentane Verhand-
lungsergebnisse wer-
den hinterher wieder
in Frage gestellt, Ver-
einbarungen ange-
zweifelt, Zugeständ-
nisse rückgängig ge-
macht. Partnerorien-
tiertes Verhalten – ei-
ne neue Methode der
Gesprächsführung –
soll langfristig Erfolge
bringen und eine dau-
erhafte Partnerschaft
mit den Verhandlungs-
partnern sichern. Der
Autor zeigt, wie man
seinen eigenen Stand-
punkt verteidigt, ohne
den Partner zu verlet-
zen, wie man Partner
gewinnt, wie man Part-
ner überzeugt, ohne
daß sie ihr Selbstwert-
gefühl verlieren, wie
Ich-Aussagen als Aus-
druck der eigenen
Meinung ohne Vor-
würfe und Anklagen
formuliert und wie Du-
Aussagen im Sinne
des aktiven Zuhörens
umgesetzt werden.

Der Autor
Harry Holzheu ist Psy-
chologe und Ver-
kaufstrainer. Er war 17
Jahre in Großkonzer-
nen tätig und ist heute
anerkannter Spitzen-
trainer.

AIDS wurde zum Schrecken der Welt.

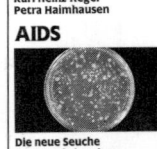

Karl Heinz Reger Petra Haimhausen

AIDS

Die neue Seuche des 20. Jahrhunderts

ECON Ratgeber

Reger, Karl Heinz/
Haimhausen, Petra
AIDS
– Die neue Seuche
des 20. Jahr-
hunderts –
134 Seiten
8,80 DM
ISBN 3-612-20084-4
ETB 20084

Das Buch
Dieses Buch soll Auf-
klärung schaffen, es
offenbart alles, was
heute über diese ver-
hängnisvolle Krank-
heit und ihre Entste-
hung bekannt ist.

Aus dem Inhalt
Fünf Schicksale, die
am Beginn einer neu-
en Epidemie stehen ·
So kann AIDS entste-
hen · Wie AIDS in
den Körper gelangt ·
Krankheitserreger,
die für AIDS-Kranke
tödlich sein können ·
Was Ärzte heute ge-
gen AIDS tun können ·
Wie AIDS-Gefährde-
te sich schützen kön-
nen.

Die Autoren
Karl Heinz Reger ist
Journalist und Sach-
buchautor medizini-
scher Themen.
Dr. med. Petra Haim-
hausen ist Ärztin.

Jeder 5. Deutsche reagiert allergisch.

Wolf Ulrich
Allergien sind heilbar
Hilfe bei Heuschnupfen
und anderen allergischen
Krankheiten

ECON Ratgeber

Ulrich, Wolf
*Allergien
sind heilbar*
– Hilfe bei Heu-
schnupfen und
anderen allergischen
Krankheiten –
159 Seiten
14 Zeichnungen
8,80 DM
ISBN 3-612-20023-2
ETB 20023

Das Buch
Tränende Augen,
Schnupfnase, ge-
schwollene Schleim-
häute oder absinken-
der Blutdruck sind ty-
pische Symptome für
Allergien, die ausge-
löst werden können
durch Pilzsporen oder
Pollen, durch Medi-
kamente, Mehl, ver-
schiedene Fasern,
Milch, Obst, Fisch
oder Eier. Beschrie-
ben wird, welche
Krankheitsbilder mit
welchen Symptomen
allergisch bedingt
sind, welche Diagno-
semethoden es gibt,
welche Vor- und Nach-
teile sie haben und
wie Allergien behan-
delt werden können.

Der Autor
Dr. med. Wolf Ulrich
ist Medizinjournalist
und Verfasser ande-
rer Bücher. Im ECON-
Verlag erschienen sei-
ne Ratgeber „Schmerz-
frei durch Akupressur
und Akupunktur",
„Zellulitis ist heilbar"
und „Haare pflegen
und erhalten".

Rheuma: Die Geißel Nummer 1.

Maximilian Alexander
Rheuma ist heilbar
Neueste
Naturheilmethoden

ECON Ratgeber

Alexander, Maxi-
milian
Rheuma ist heilbar
– Neueste Natur-
heilmethoden –
142 Seiten
7,80 DM
ISBN 3-612-20017-8
ETB 20017

Das Buch
Mindestens vier Pro-
zent der Menschheit ist
an Rheuma erkrankt.
Die herkömmliche Me-
dizin hat diese Krank-
heit mit ihren verhee-
renden Folgen für Pa-
tient, Staat und Volks-
wirtschaft nicht in den
Griff bekommen kön-
nen.
In diesem Buch wer-
den hochwirksame Na-
turheilmethoden ge-
gen den gesamten
Rheumakomplex dar-
gestellt. Bei konse-
quenter Anwendung
kann mit Naturheilmit-
teln dieses Leiden ge-
lindert werden, eine
neue Hoffnung besteht
zurecht.

Der Autor
Maximilian Alexander
arbeitet seit vielen
Jahren als Medizin-
Journalist.

Jede dritte Frau leidet unter Orangenhaut.

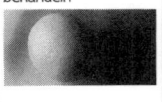

Wolf Ulrich
Zellulitis ist heilbar
Orangenhaut –
vorbeugen und selbst
behandeln

ECON Ratgeber

Ulrich, Wolf
Zellulitis ist heilbar
– Orangenhaut vor-
beugen und selbst
behandeln –
128 Seiten
51 Fotos
6,80 DM
ISBN 3-612-20012-7
ETB 20012

Das Buch
Zellulitis ist heilbar!
Der Autor erklärt, wie
Zellulitis entsteht, und
schildert, wie man Zel-
lulitis erfolgreich vor-
beugen kann und sie
heilt. Er entwickelte ein
mehrstufiges Anti-
Zellulitis-Programm,
mit dem er durch Le-
bensführung, richtige
Ernährung, Sport und
Gymnastik, Massage,
Medikamente und
viel Geduld in zehn
Wochen diese häßli-
che Krankheit heilen
kann. 51 Fotos erläu-
tern sein Programm
und erleichtern dem
Leser, es alleine
durchzuführen.

Der Autor
Dr. med. Wolf Ulrich
ist Facharzt für Haut-
krankheiten.

Bewußter leben und erleben.

Der Weg zum inneren Reich.

Wir sind alle auf demselben Weg.

Schlank im Schlaf.

Marie-Luise Stangl
Jede Minute sinnvoll leben
Vertrauen zu sich selbst gewinnen
ECON Ratgeber

Bernhard Müller-Elmau
Kräfte aus der Stille
Die transzendentale Meditation
ECON Ratgeber

Marie-Luise Stangl
Die Welt der Chakren
Praktische Übungen zur Seins-Erfahrung
ECON Ratgeber

Alfred Bierach
Schlank im Schlaf durch vertiefte Entspannung
Die SIS-Methode
ECON Ratgeber

Stangl, Marie-Luise
Jede Minute sinnvoll leben
– Vertrauen zu sich selbst gewinnen –
123 Seiten
5,80 DM
ISBN 3-612-20015-1
ETB 20015

Müller-Elmau, Bernhard
Kräfte aus der Stille
– Die transzendentale Meditation –
191 Seiten
7,80 DM
ISBN 3-612-20021-6
ETB 20021

Stangl, Marie-Luise
Die Welt der Chakren
– Praktische Übungen zur Seins-Erfahrung –
Originalausgabe
107 Seiten
49 Zeichnungen
5,80 DM
ISBN 3-612-20022-4
ETB 20022

Bierach, Alfred
Schlank im Schlaf durch vertiefte Entspannung
– Die SIS-Methode –
144 Seiten, 1 Grafik
6,80 DM
ISBN 3-612-20008-9
ETB 20008

Das Buch
Eine der besten Kennerinnen der alten chinesisch-japanischen Weisheiten des Zen-Buddhismus verhilft dem Leser – von der Hausfrau bis hin zum Top-Manager – zu einem neuen Verständnis seiner selbst. Sie beschreibt, wie man durch Bewußtwerdung ganz alltäglicher Tätigkeiten und Verrichtungen – wie Gehen, Stehen, Laufen, Essen, Arbeiten – sein Leben und seine Persönlichkeit eindringlicher und bejahender erlebt und erfaßt, wie man sich von Angst, Zerrissenheit, Selbstentfremdung und aus innerer Einsamkeit löst und dadurch neue Lebenskraft schöpft.

Die Autorin
Marie-Luise Stangl leitet im Odenwald, zusammen mit ihrem Mann Dr. Anton Stangl, seit vielen Jahren Seminare zur Persönlichkeitsbildung durch Entspannungstechniken.

Das Buch
Ohne Bewußtsein könnten wir nichts von unserem Dasein als Mensch wissen. Transzendentale Meditation führt den Menschen wieder in die Bereiche des Seelisch-Geistigen zurück und erschließt ihm sein inneres Reich und ein Bewußtsein, in dem Liebe, Glück und Würde ihren angestammten Platz einnehmen können.

Der Autor
Bernhard Müller-Elmau leitet Schloß Elmau am Wetterstein, das sein Vater als Stätte geistiger Erholung geschaffen hat. Er beschäftigt sich seit vielen Jahren mit Transzendentaler Meditation. Während eines Studienaufenthaltes in Indien traf er Maharishi Mahesh Yogi, der dies erste deutsche Buch über Transzendentaler Meditation gut geheißen hat.

Das Buch
Die Lehre von den Chakren – eine indische Lehre – handelt von den menschlichen Kraftzentren, den Zentren, in denen der Mensch die Schwingungen seiner Lebensenergie oder Lebenskraft aus dem Kosmos, der unmerklichen Quelle seines Seins aufnimmt. Dieses Buch soll dem Leser helfen, bewußter zu leben, sein Denken und Fühlen im Hier und Jetzt zu zentrieren, sich zu entspannen, Zuversicht, Vertrauen, Frieden und Liebe zu finden.

Die Autorin
Marie-Luise Stangl ist Entspannungspädagogin. Sie leitet seit vielen Jahren, zusammen mit ihrem Mann Dr. Anton Stangl, Seminare zur Selbsterfahrung und Selbstverwirklichung durch Eutonie und Zen.

Das Buch
Durch vertiefte Entspannung im Schlaf schlank werden, dies ist eine neue Methode, die all jenen zu empfehlen ist, die ohne Mühe schlank werden und endlich wieder ihr Normalgewicht erreichen wollen. Im Zustand tiefster Entspannung suggeriert der Mensch seinem Unterbewußtsein ein verändertes Ernährungsprinzip und kann so bei Bewußtsein mühelos den neuen Weg einhalten. Eine wissenschaftliche und praxiserprobte Methode, die in psychosomatischen Kliniken angewandt wird.

Der Autor
Dr. Alfred Bierach, Psychotherapeut und Naturheilkundler, ist in eigener Praxis am Bodensee tätig. Mit der SIS-Methode hat er vielen Patienten geholfen, schlank zu werden.

| *Das Standard-werk der biologischen Küche.* | *Gesunde Ernäh-rung für körper-liches und seelisches Wohl.* | *Endlich! Die Diät, die Spaß macht.* | *Schnäpse und Liköre – Auch ein Stück Gesundheit?* |

Helma Danner

Biologisch kochen und backen

Das Rezeptbuch der natürlichen Ernährung

ECON Ratgeber

Ilse Sibylle Dörner

Das grüne Kochbuch

Handbuch der naturbelassenen Küche

ECON Ratgeber

Ilse Sibylle Dörner

Diät mit Bio-Kost

Schlank, gesund und fit

ECON Ratgeber

Katharina Buss

Leib- und Magen-elixiere

Selbstgemachte Liköre und Schnäpse

ECON Ratgeber

Danner, Helma
Biologisch kochen und backen
– Das Rezeptbuch der natürlichen Ernährung –
288 Seiten, 8 Farbtafeln, 425 Rezepte
14,80 DM
ISBN 3-612-20003-8
ETB 20003

Das Buch
Natürliche Ernährung ist nicht nur gesund, sondern auch wohlschmeckend, durch sie können Krankheiten geheilt, gelindert und verhindert werden: Karies, Paradontose, Erkrankung des Bewegungsapparates, Zuckerkrankheit, Leber-, Gallen-, Nierenerkrankungen, Beschwerden der Verdauungsorgane, Gefäßerkrankungen u. v. a. m. Naturbelassene Ernährung bringt dem Menschen neuen Schwung, Elastizität, Ausdauer und hohe Konzentrationsfähigkeit, sie erhält ihn gesund und schlank.
Die Rezepte in diesem Buch sind praxiserprobt.

Die Autorin
Helma Danner ist Gesundheitsberaterin. Sie beschäftigt sich seit vielen Jahren mit der wissenschaftlichen und Laienliteratur auf dem Ernährungssektor, mit neuesten und alten Gesundheits- und Kochbüchern.

Dörner, Ilse Sibylle
Das grüne Kochbuch
– Handbuch der naturbelassenen Küche –
270 Seiten
20 Zeichnungen
382 Rezepte
12,80 DM
ISBN 3-612-20026-7
ETB 20026

Das Buch
Das Handbuch der naturbelassenen Küche beweist mit über 380 Rezepten, daß man gesund leben und trotzdem köstlich essen kann.
Modernes Kochen mit frischen und gesunden Lebensmitteln, die schonend, selbst für schmackhafte Speisen, verarbeitet werden – unter dieser Maxime steht das grüne Kochbuch mit seinen vielen praxiserprobten Rezepten, Anleitungen, Tips und Ratschlägen zur naturbelassenen Küche. Es zeigt aber auch, daß Kochen nicht erst am Herd beginnt: Joghurt und Käse, Gemüse und Kräuter aus eigener Produktion bereichern jeden Tisch.

Die Autorin
Ilse Sibylle Dörner schreibt als freie Journalistin u. a. für die Zeitschrift „Feinschmecker". Sie ist Autorin mehrerer Kochbücher.

Dörner, Ilse Sibylle
Diät mit Bio-Kost
– Schlank, gesund und fit –
Originalausgabe
189 Seiten
16 Zeichnungen
232 Rezepte
9,80 DM
ISBN 3-612-20019-4
ETB 20019

Das Buch
Bio-Diät ist eine neue, gesunde Möglichkeit, schlank zu werden und schlank zu bleiben. Köstliche Rezepte, eine Einführung in die Kräuter- und Keimlingszucht, Bio-Kosmetik und Bio-Medizin verleiten den Leser, sofort anzufangen und ohne Qual und zeitliche Begrenzung seinem Körper etwas Gutes zu tun, ihn schlank und fit zu halten.

Die Autorin
Ilse Sibylle Dörner schreibt als freie Journalistin u. a. für die Zeitschrift „Feinschmecker". Sie ist Autorin mehrerer Kochbücher, u.a. „Das grüne Kochbuch", ein Standardwerk für die alternative Küche.

Buss, Katharina
Leib-u. Magenelixiere
– Selbstgemachte Liköre u. Schnäpse –
Originalausgabe
144 Seiten
30 Zeichnungen
4 Farbtaf., 167 Rezepte
8,80 DM
ISBN 3-612-20018-6
ETB 20018

Das Buch
Äbte, Padres und Nonnen durften keinen Alkohol zu sich nehmen, und doch haben sie die besten Rezepte für die Zubereitung von Kräuterlikören und Schnäpsen zusammengestellt.
Viele der alten Klostertränke sind hier in etwa 200 Rezepten aufgenommen. Für jeden Geschmack und für die Gesundheit obendrein ist etwas dabei. Eine Tabelle über die Reifezeiten von Früchten und Kräutern erleichtern die jährliche Planung der eigenen Herstellung.

Die Autorin
Katharina Buss ist Lebensmitteljournalistin, sie schreibt u. a. für den „Feinschmecker". Die Rezepte hat sie selbst ausprobiert.

ETB-GESAMTVERZEICHNIS ECON RATGEBER

Gesundheit

Maximilian Alexander
Die (un)heimlichen Krankmacher
Vorbeugen, erkennen, heilen

ECON Ratgeber

ETB 20039   DM 9,80
Originalausgabe,
144 Seiten

Wolf Ulrich
Allergien sind heilbar
Hilfe bei Heuschnupfen und anderen allergischen Krankheiten

ECON Ratgeber

ETB 20023   DM 8,80
159 Seiten,
14 Zeichnungen

Maximilian Alexander
Rheuma ist heilbar
Neueste Naturheilmethoden

ECON Ratgeber

ETB 20017   DM 7,80
142 Seiten

Bernard A. Bäker
Gelenkerkrankungen

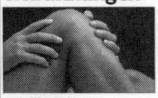

Arthritis, Arthrose,
Gelenkrheuma

ECON Ratgeber

ETB 20037   DM 8,80
141 Seiten,
57 Zeichnungen,
12 Fotos

Gerhard Leibold
Das Kreuz mit dem Kreuz

Bandscheibenschäden
vorbeugen und heilen

ECON Ratgeber

ETB 20133   DM 7,80
Originalausgabe,
ca. 144 Seiten,
15 Zeichnungen

Bernard A. Bäker
Migräne und Kopfschmerzen sind heilbar

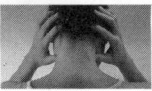

ECON Ratgeber

ETB 20063   DM 7,80
115 Seiten,
6 Zeichnungen

Werner Zenker
Mit Asthma leben lernen

ECON Ratgeber

ETB 20049   DM 7,80
Originalausgabe,
173 Seiten

Werner Zenker
Mein Kind hat Asthma

ECON Ratgeber

ETB 20080   DM 9,80
Originalausgabe,
202 Seiten

Martin Schwartz Stottern ist heilbar

Erfolgreiche
Behandlungsmethoden

ECON Ratgeber

ETB 20057   DM 7,80
176 Seiten

Gerhard Leibold
Die Schilddrüse

Krankheiten vorbeugen
und behandeln

ECON Ratgeber

ETB 20106   DM 7,80
Originalausgabe,
ca. 128 Seiten,
4 Zeichnungen

Bernard A. Bäker
Brustkrebs

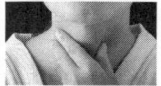

Vorbeugen, erkennen,
handeln

ECON Ratgeber

ETB 20107   DM 8,80
Originalausgabe,
ca. 176 Seiten,
Zeichnungen

Gerhard Leibold
Risikofaktor Cholesterin

Erkennen und vorbeugen

ECON Ratgeber

ETB 20083   DM 7,80
Originalausgabe,
138 Seiten, 5 Zeichnungen

Michael Eisenberg Magenkrank?

Behandlung und Heilung

ECON Ratgeber

ETB 20068   DM 8,80
159 Seiten,
14 Zeichnungen

Angela Kilmartin Blasenentzündung

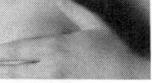

Vorbeugen und
selbst behandeln

ECON Ratgeber

ETB 20072   DM 8,80
164 Seiten,
18 Zeichnungen

Wolf Ulrich
Zellulitis ist heilbar
Orangenhaut – vorbeugen und selbst behandeln

ECON Ratgeber

ETB 20012   DM 6,80
128 Seiten,
51 Fotos

P. van Keep/L. Jaszmann
Die Wechseljahre der Frau

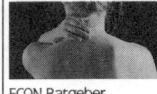

ECON Ratgeber

ETB 20013   DM 6,80
139 Seiten,
6 Zeichnungen

Karl Heinz Reger
Sibylle Reger-Nowy
Herpes

Erkennen und behandeln

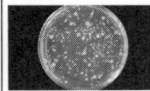

ECON Ratgeber

ETB 20096   DM 8,80
Aktualisierte und erweiterte
Neuausgabe,
160 S., 16 Zeichnungen, 8 Fotos

Karl Heinz Reger
Petra Haimhausen
AIDS

**Die neue Seuche
des 20. Jahrhunderts**

ECON Ratgeber

ETB 20084   DM 8,80
Aktualisierte und erweiterte
Neuausgabe,
134 Seiten

Rainer Haun
Der mündige Patient

**Vom kritischen Umgang
mit Ärzten**

ECON Ratgeber

ETB 20078   DM 9,80
222 Seiten

Donald Vickery
James F. Fries
Zum Arzt - oder nicht?

Krankheiten erkennen
und das Richtige tun

ECON Ratgeber

ETB 20007   DM 12,80
304 Seiten,
67 Graphiken

Diagram
Soforthilfe für mein Kind

**Bei Unfällen
und Krankheiten**

ECON Ratgeber

ETB 20115   DM 7,80
Deutsche Erstausgabe,
128 Seiten,
200 Zeichnungen

Maximilian Alexander
Eugen Zoubek
Schmerzfrei durch Biomedizin

Neue Naturheilmethoden

ECON Ratgeber

ETB 20000   DM 6,80
143 Seiten

Gerhard Jäger
Die beste Medizin

Möglichkeiten
der Naturheilmittel

ECON Ratgeber

ETB 20027   DM 7,80
142 Seiten,
9 Zeichnungen

Ulrich Rückert
Gesund ohne Pillen

**Naturheilmittel
für Jedermann**

ECON Ratgeber

ETB 20071   DM 9,80
Originalausgabe,
207 Seiten,
23 Zeichnungen

Anton Stangl
Heilen aus geistiger Kraft

Zur Aktivierung
innerer Energien

ECON Ratgeber

ETB 20029   DM 6,80
143 Seiten

Marie-Luise und
Anton Stangl
Hoffnung auf Heilung

Seelisches Gleich-
gewicht bei schwerer
Krankheit

ECON Ratgeber

ETB 20035   DM 9,80
Originalausgabe,
234 Seiten

Natalie Rogers
Schluß mit der Erschöpfung

ECON Ratgeber

ETB 20058   DM 7,80
Deutsche Erstausgabe,
141 Seiten

Gerhard Leibold
Gesund und fit durch Ballaststoffe

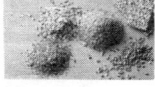

ECON Ratgeber

ETB 20082   DM 7,80
Originalausgabe,
140 Seiten,
5 Zeichnungen

Hans A. Bloss
Bewegung tut not

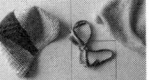

**Ein Programm für
Sportmuffel**

ECON Ratgeber

ETB 20145   DM 9,80
Originalausgabe,
ca. 160 Seiten,
20 Zeichnungen

Ute Busch
Karl-Gustav Gies
Nils Waegner
Heilschwimmen

**Gesundheitstraining
für jung und alt**

ECON Ratgeber

ETB 20097   DM 9,80
Originalausgabe,
ca. 208 Seiten

Gerhard Jäger
Wasser wirkt Wunder

Natürliche Heilmethoden

ECON Ratgeber

ETB 20006   DM 6,80
159 Seiten,
26 Fotos

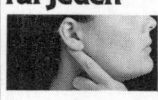

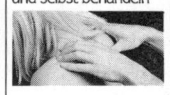
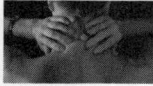

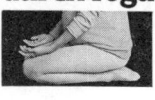
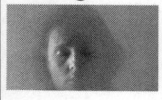

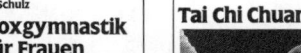

Essen

und

Trinken

Ilse Sibylle Dörner

Das grüne Kochbuch

Handbuch der naturbelassenen Küche

ECON Ratgeber

ETB 20026   DM 12,80
270 Seiten,
20 Zeichnungen,
382 Rezepte

Helma Danner

Biologisch kochen und backen

Das Rezeptbuch der natürlichen Ernährung

ECON Ratgeber

ETB 20003   DM 14,80
288 Seiten,
8 Farbtafeln,
425 Rezepte

Ilse Sibylle Dörner

Diät mit Bio-Kost

Schlank, gesund und fit

ECON Ratgeber

ETB 20019   DM 9,80
Originalausgabe,
189 Seiten, 16 Zeichnungen,
232 Rezepte

Helma Danner

Bio-Kost für mein Kind

ECON Ratgeber

ETB 20050   DM 8,80
160 Seiten,
20 Zeichnungen

Anneliese und Gerhard Eckert

Selbst räuchern

Fische, Fleisch und Wurst ... Rezepte

ECON Ratgeber

ETB 20087   DM 9,80
Originalausgabe,
144 Seiten,
Zeichnungen

Veronika Müller

Käse und Joghurt selbst herstellen

Mit 100 Rezepten zum Kochen

Originalausgabe

ECON Ratgeber

ETB 20136   DM 8,80
Originalausgabe,
ca. 128 Seiten,
20 Zeichnungen

Heidemarie Freund

Marmeladen, Konfitüren und Gelees

150 Rezepte

Originalausgabe

ECON Ratgeber

ETB 20144   DM 9,80
Originalausgabe,
ca. 128 Seiten,
Zeichnungen

Ilse Sibylle Dörner

Kochen und heilen mit Honig

ECON Ratgeber

ETB 20070   DM 9,80
221 Seiten,
15 Zeichnungen,
516 Rezepte

Peter Espe

Tips für den Weinkauf

Band 1: Das Grundwissen

ECON Ratgeber

ETB 20148   DM 8,80
168 Seiten,
20 Zeichnungen

Katharina Buss

Leib- und Magenelixiere

Selbstgemachte Liköre und Schnäpse

ECON Ratgeber

ETB 20018   DM 8,80
Originalausgabe,
144 Seiten, 30 Zeichnungen,
4 Farbtafeln, 167 Rezepte

Peter C. Hubschmid

Tee – für Kenner und Genießer

Ein Brevier mit 40 Teerezepten

ECON Ratgeber

ETB 20073   DM 8,80
Originalausgabe,
144 Seiten,
20 Zeichnungen

Gini Rock

Aus der Bohne wird Kaffee

80 Rezepte zur Zubereitung eines klassischen Getränks

ECON Ratgeber

ETB 20048   DM 8,80
Originalausgabe,
168 Seiten,
37 Abbildungen

Natur

Heidrun und Friedrich Jantzen

Das Gartenjahr im Gemüsegarten

ECON Ratgeber

ETB 20108   DM 9,80
Originalausgabe,
ca. 128 Seiten,
ca. 100 Zeichnungen und Fotos

Ina Jung

Biologisch düngen

Gesunder Boden, weniger Schadstoffbelastung, mehr Ertrag

ECON Ratgeber

ETB 20134   DM 9,80
Originalausgabe,
ca. 128 Seiten,
ca. 50 Zeichnungen

Ina Jung

Der ökologische Wassergarten

Ein Biotop im Garten

ECON Ratgeber

ETB 20142　DM 9,80
Originalausgabe,
ca. 144 Seiten,
ca. 50 Zeichnungen

Ina Jung

Der Ökogarten für Kinder

Natur verstehen auf kleinstem Raum

ECON Ratgeber

ETB 20099　DM 9,80
Originalausgabe,
128 Seiten,
50 Zeichnungen

Gustav Schoser

Pflanzen überwintern

Immergrüne und laubabwerfende Gehölze, krautige Pflanzen

Originalausgabe

ECON Ratgeber

ETB 20085　DM 9,80
Originalausgabe,
ca. 144 Seiten,
ca. 50 Zeichnungen

Gustav Schoser

Zimmerpflanzen unter Kunstlicht

ECON Ratgeber

ETB 20116　DM 9,80
Originalausgabe,
ca. 144 Seiten, 4 Farbtafeln,
30 Fotos und Zeichnungen

Katharina Buss

Der Nutzgarten im Blumentopf

Kräuter und Gemüse statt Zierpflanzen

ECON Ratgeber

ETB 20059　DM 9,80
205 Seiten,
66 Zeichnungen

Brigitte Eilert-Overbeck

Meine Katze

Verhalten, Ernährung, Pflege

Begleitbuch zur ZDF-Serie »Mit Tieren leben«

ECON Ratgeber

ETB 20151　DM 8,80
Originalausgabe,
140 Seiten,
24 Zeichnungen

Arnt-Günter Nimz

Mein Hund

Verhalten, Erziehung, Pflege

Begleitbuch zur ZDF-Serie »Mit Tieren leben«

ECON Ratgeber

ETB 20150　DM 8,80
Originalausgabe,
128 Seiten,
ca. 30 Zeichnungen

Udo B. Brumpreiksz

Mein Dackel

Pflege, Ernährung, Krankheiten

ECON Ratgeber

ETB 20086　DM 8,80
Originalausgabe,
ca. 144 Seiten,
ca. 30 Abbildungen

Rolf Spangenberg

Klassehunde ohne Rasse

Freundschaft, die nie enttäuscht

ECON Ratgeber

ETB 20109　DM 9,80
224 Seiten,
30 Fotos

Horst Schall

Mein Kaninchen

Herkunft, Verhalten, Pflege

Begleitbuch zur ZDF-Serie »Mit Tieren leben«

Originalausgabe

ECON Ratgeber

ETB 20135　DM 8,80
Originalausgabe,
ca. 160 Seiten,
30 Fotos und Zeichnungen

Hans J. Mayland

Aquarium für Anfänger

Beckenarten, Aquarientechnik, Bepflanzung, Fische

ECON Ratgeber

ETB 20100　DM 9,80
Originalausgabe,
144 Seiten,
30 Farbfotos, 60 Zeichnungen

**Gaby Karmann
Detlef Ost**

Naturheilkunde für Katzen

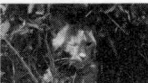

ECON Ratgeber

ETB 20077　DM 7,80
Originalausgabe,
96 Seiten,
21 Zeichnungen

I. Ghosh

Naturheilkunde für Hunde

ECON Ratgeber

ETB 20076　DM 7,80
Originalausgabe,
120 Seiten,
14 Zeichnungen

Walter Salomon

Naturheilkunde für Pferde

ECON Ratgeber

ETB 20117　DM 9,80
Originalausgabe,
ca. 208 Seiten,
40 Fotos und Zeichnungen

**Marga Drossard
Ursula Letschert**

Naturheilkunde für Kleintiere

ECON Ratgeber

ETB 20118　DM 9,80
Originalausgabe,
ca. 160 Seiten,
ca. 40 Zeichnungen

Hobby

Heidemarie Freund
Schöne Geschenke selbst gebastelt

ECON Ratgeber
Originalausgabe
ETB 20088   DM 8,80
Originalausgabe,
112 Seiten,
ca. 70 Zeichnungen

Heidemarie Freund
Basteln mit Kindern
Zauberhafte Ideen für 4- bis 10jährige

Originalausgabe
ECON Ratgeber
ETB 20101   DM 8,80
Originalausgabe,
112 Seiten,
ca. 70 Zeichnungen

Christel Keller
Seidenmalerei

ECON Ratgeber
ETB 20137   DM 14,80
Originalausgabe,
112 Seiten,
ca. 30 Fotos, 16 Farbtafeln

Eva Gabisch
Chinesische Malerei
Anleitung für ein schöpferisches Hobby

ECON Ratgeber
ETB 20011   DM 5,80
95 Seiten,
3 Farbtafeln,
70 Zeichnungen

Annette Arnold
Kerzen und Figuren aus Bienenwachs
Anleitung zum Selbermachen
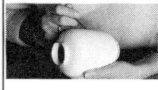
ECON Ratgeber
ETB 20110   DM 9,80
Originalausgabe,
128 Seiten,
ca. 50 Fotos und Zeichnungen

Edda Biesterfeld
Kleine Kunst auf weißem Gold
Ein Kurs zum Erlernen der Porzellanmalerei

ECON Ratgeber
ETB 20009   DM 8,80
157 Seiten,
16 Farbfotos,
80 Zeichnungen

Dieter Heitmann
Holz – das natürlichste Spielzeug der Welt
Ideen zum Selbermachen

ECON Ratgeber
ETB 20034   DM 12,80
122 Seiten,
68 Fotos, 13 Farbfotos,
100 Zeichnungen

Klaus Oberbeil
Kaufen und verkaufen auf dem Flohmarkt

ECON Ratgeber
ETB 20079   DM 8,80
Originalausgabe,
160 Seiten

Heiner Vogelsang
Trödel sammeln und restaurieren
1000 Tips für den Umgang mit alten Stücken

ECON Ratgeber
ETB 20042   DM 12,80
174 Seiten, 8 Farbtafeln,
36 Zeichnungen

Helmut-Maria Glogger
Kunst und Antiquitäten sachkundig kaufen

ECON Ratgeber
ETB 20089   DM 14,80
Originalausgabe,
ca. 180 Seiten,
ca. 40 Zeichnungen

Siegfried Sterner
Hausmusik
Vergnügen in Dur und Moll
ECON Ratgeber
ETB 20036   DM 9,80
187 Seiten,
31 Zeichnungen

Spiele und Unterhaltung

H. Otake
S. Futakuchi
Go
Das Einführungsbuch des Deutschen Go-Bundes

ECON Ratgeber
ETB 20103   DM 9,80
Deutsche Erstausgabe,
200 Seiten,
250 Diagramme

Alfred Schwarz
Backgammon
Das offizielle Regelbuch des Deutschen Backgammon-Bundes

ECON Ratgeber
ETB 20112   DM 9,80
Originalausgabe,
ca. 128 Seiten,
116 Zeichnungen

Ruth Dirx
Kinderspiele von Januar bis Dezember
Unterhaltung für Mädchen, Jungen und Eltern
ECON Ratgeber
ETB 20032   DM 7,80
175 Seiten,
55 Zeichnungen,
198 Spielideen

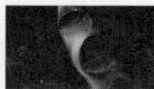

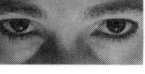

Bernhard Müller-Elmau

Kräfte aus der Stille

Die transzendentale Meditation

ECON Ratgeber

ETB 20021 — DM 7,80
191 Seiten

Gerhard Leibold

Körpertherapie

Einklang von Körper, Geist und Psyche

ECON Ratgeber

ETB 20114 — DM 7,80
Originalausgabe,
ca. 160 Seiten,
15 Zeichnungen

Marianne Schneider-Düker

Gruppen-psychotherapie

Methoden, Probleme, Erfolge

ECON Ratgeber

ETB 20055 — DM 7,80
135 Seiten,
6 Abbildungen

Peter Lauster

Statussymbole

Wie jeder jeden beeindrucken will

ECON

ETB 20104 — DM 9,80
204 Seiten,
25 Zeichnungen

Maximilian Alexander

Schein und Wirklichkeit der Sekten

ECON Ratgeber

ETB 20069 — DM 9,80
Originalausgabe,
ca. 192 Seiten

Alfred Bierach

Schlank im Schlaf durch vertiefte Entspannung

Die SIS-Methode

ECON Ratgeber

ETB 20008 — DM 6,80
144 Seiten,
1 Graphik

Waltraud Simon

Praxis der Eheinstitute

ECON Ratgeber

ETB 20062 — DM 8,80
Originalausgabe,
139 Seiten

Mavis Klein

Ein Partner für mich

Wege zu Freundschaft und Liebe

ECON Ratgeber

ETB 20028 — DM 7,80
156 Seiten,
21 Graphiken

Debora Phillips Robert Judd

Das Ende einer Zweier-beziehung

Auf dem Weg zum neuen Ich

ECON Ratgeber

ETB 20066 — DM 8,80
Deutsche Erstausgabe,
143 Seiten

Stephen M. Johnson

Nach der Trennung wieder glücklich

ECON Ratgeber

ETB 20041 — DM 9,80
287 Seiten

Roland Kopping

Träume und ihre Deutung

ECON Ratgeber

ETB 20120 — DM 9,80
Originalausgabe,
ca. 200 Seiten

Georg Götte

Ahnen-forschung

So erstellt man seinen Stammbaum

ECON Ratgeber

ETB 20119 — DM 8,80
Originalausgabe,
ca. 144 Seiten,
10 Zeichnungen

Manfred Lucas

Hören, um gehört zu werden

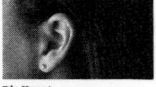

Die Kunst des richtigen Zuhörens

ECON Ratgeber

ETB 20146 — DM 8,80
Originalausgabe,
ca. 128 Seiten

Bernd Kirchner

Die trügerische Sicherheit

Tips für den Umgang mit Versicherungen

ECON Ratgeber

ETB 20053 — DM 9,80
205 Seiten

Kinder- und Schüler-hilfen

W. Zeise/J. A. Stöhr

Kinder-Medizin, Pädagogik, Psychologie

Ein Lexikon

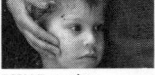

ECON Ratgeber

ETB 20043 — DM 16,80
Aktualisierte Neuausgabe,
534 Seiten,
111 Zeichnungen

Emil und Octavia
Wieczorek
**So fördere ich
mein Kind**
100 psychopädagogisch
erprobte Spiele

ECON Ratgeber

ETB 20054   DM 8,80
Originalausgabe,
182 Seiten

Hannes Lachenmair
**Eltern-
initiativen**
Wir organisieren
einen Kindergarten

ECON Ratgeber

ETB 20046   DM 9,80
Originalausgabe,
204 Seiten

Fitzhugh
Dodson
**Väter sind die
besten Mütter**

**Kinder brauchen
ihre Väter**

ECON Ratgeber

ETB 20056   DM 9,80
280 Seiten

Günther Beyer
**So lernen
Schüler
leichter**
Gedächtnis- und
Konzentrationstraining

ECON Ratgeber

ETB 20001   DM 6,80
128 Seiten,
92 Zeichnungen,
49 Übungen

Arnold Grömminger
**Kinder
wollen lesen**
Über die sinnvolle
Auswahl von Büchern

ECON Ratgeber

ETB 20033   DM 7,80
112 Seiten

Uwe-Jörg Jopt
**Schlechte Schüler
– faule Schüler?**
Wie Eltern helfen
können

ECON Ratgeber

ETB 20045   DM 7,80
143 Seiten

Rudolf Meinert
**Mein Kind
in der
Pubertät**

ECON Ratgeber

ETB 20047   DM 7,80
136 Seiten

Gisela Eberlein
**Ängste
gesunder
Kinder**
Praktische Hilfe bei
Lernstörungen

ECON Ratgeber

ETB 20010   DM 7,80
158 Seiten

Joan Freeman
**Erziehung
und
Intelligenz**
Natürliche Anlagen
erkennen und fördern

ECON Ratgeber

ETB 20044   DM 9,80
191 Seiten

Jerry Jacobs
**Ich weiß
keinen Ausweg
mehr**
Hilfe für selbstmord-
gefährdete Jugendliche

ECON Ratgeber

ETB 20040   DM 9,80
176 Seiten

Astrologie

Hanns-Manfred Heuer
**Mein Kind
ist Widder**

Vom 21. März bis 20. April

ECON Ratgeber

ETB 20121   DM 6,80
112 Seiten,
10 Zeichnungen

Hanns-Manfred Heuer
**Mein Kind
ist Stier**

Vom 21. April bis 20. Mai

ECON Ratgeber

ETB 20122   DM 6,80
112 Seiten,
10 Zeichnungen

Hanns-Manfred Heuer
**Mein Kind
ist Zwilling**

Vom 21. Mai bis 21. Juni

ECON Ratgeber

ETB 20123   DM 6,80
112 Seiten,
10 Zeichnungen

Hanns-Manfred Heuer
**Mein Kind
ist Krebs**

Vom 22. Juni bis 22. Juli

ECON Ratgeber

ETB 20124   DM 6,80
112 Seiten,
10 Zeichnungen

Hanns-Manfred Heuer
**Mein Kind
ist Löwe**

Vom 23. Juli bis 23. August

ECON Ratgeber

ETB 20125   DM 6,80
112 Seiten,
10 Zeichnungen

Hanns-Manfred Heuer

Mein Kind ist Jungfrau

Vom 24. August bis 23. September

ECON Ratgeber

ETB 20126 DM 6,80
112 Seiten,
10 Zeichnungen

Hanns-Manfred Heuer

Mein Kind ist Waage

Vom 24. September bis 23. Oktober

ECON Ratgeber

ETB 20127 DM 6,80
112 Seiten,
10 Zeichnungen

Hanns-Manfred Heuer

Mein Kind ist Skorpion

Vom 24. Oktober bis 22. November

ECON Ratgeber

ETB 20128 DM 6,80
112 Seiten,
10 Zeichnungen

Hanns-Manfred Heuer

Mein Kind ist Schütze

Vom 23. November bis 21. Dezember

ECON Ratgeber

ETB 20129 DM 6,80
112 Seiten,
10 Zeichnungen

Hanns-Manfred Heuer

Mein Kind ist Steinbock

Vom 22. Dezember bis 20. Januar

ECON Ratgeber

ETB 20130 DM 6,80
112 Seiten,
10 Zeichnungen

Hanns-Manfred Heuer

Mein Kind ist Wassermann

Vom 21. Januar bis 19. Februar

ECON Ratgeber

ETB 20131 DM 6,80
112 Seiten,
10 Zeichnungen

Hanns-Manfred Heuer

Mein Kind ist Fisch

Vom 20. Februar bis 20. März

ECON Ratgeber

ETB 20132 DM 6,80
112 Seiten,
10 Zeichnungen

Umwelt, Ökologie

Sabine Bahnemann

Alltagsökologie

Global denken – lokal handeln

ECON Ratgeber

ETB 20064 DM 9,80
Originalausgabe,
222 Seiten,
über 100 Zeichnungen

Robert Müller

Giftige Stoffe im Haushalt

Verhaltensempfehlungen und Richtlinien

Originalausgabe

ECON Ratgeber

ETB 20095 DM 8,80
Originalausgabe,
160 Seiten,
ca. 10 Abbildungen

E. Dölle/W. Koch

Selbstversorgung – aber wie

Unabhängigkeit für Stadt- und Landbewohner

ECON Ratgeber

ETB 20051 DM 9,80
Originalausgabe,
191 Seiten,
68 Zeichnungen

Praxis

Edgar Forster

Sich selbständig machen – gewußt wie

ECON Praxis

ETB 21001 DM 9,80
Originalausgabe,
192 Seiten

Heiner Kurt Wülfrath

Sich erfolgreich bewerben und vorstellen

Ein praktischer Ratgeber für Stellensuchende

ECON Praxis

ETB 21004 DM 5,80
Originalausgabe,
90 Seiten

Manfred Lucas

Bewerbungsgespräche erfolgreich führen

ECON Praxis

ETB 21020 DM 8,80
Originalausgabe,
ca. 128 Seiten

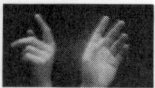

Preisänderungen und Irrtum vorbehalten. Stand 1. 8. 1985

Bestellschein ETB

Ich bestelle hiermit aus dem
ECON Taschenbuch Verlag,
Postfach 92 29, 4000 Düsseldorf 1,
durch die Buchhandlung:

Buchhandlung:

	Ex.		Ex.
	Ex.		Ex.
	Ex.		Ex.
	Ex.		Ex.
	Ex.		Ex.

Name:

Straße: Ort:

Datum: Unterschrift: